Ingrid Eißele

Kalte Kinder

Ingrid Eißele

Kalte Kinder

Sie kennen kein Mitgefühl.
Sie entgleiten uns.

HERDER

FREIBURG · BASEL · WIEN

Unter fachlicher Mitarbeit von Sara Mously,
Journalistin und Diplompsychologin, Hamburg.

Copyright © 2009 Ingrid Eißele
© Verlag Herder GmbH, Freiburg im Breisgau 2009
Alle Rechte vorbehalten
www.herder.de

Umschlaggestaltung und Konzeption: Agentur R · M · E / Roland Eschlbeck,
Ruth Botzenhardt und Rosemarie Kreuzer
Umschlagmotiv: © Corbis

Satz: Layoutsatz Kendlinger
Herstellung: CPI – Clausen & Bosse, Leck

Gedruckt auf umweltfreundlichem, chlorfrei gebleichtem Papier
Printed in Germany

ISBN 978-3-451-31200-7

INHALT

Einleitung
„Kaltblütig und erbarmungslos"

*„Was immun macht gegen den Bazillus der
Gewalt und des Bösen ist die Fähigkeit zur
Empathie, das heißt, das frühe kindliche
Erlebnis von Entgegenkommen und Liebe."*
Arno Gruen[1], Psychoanalytiker

Es ist der 20. Dezember 2007. In einem Zwischengeschoss
der Münchner U-Bahn registriert eine Überwachungskamera
zwei junge Männer, die einen älteren Mann niederschlagen
und treten. Als sie flüchten, nimmt einer den Rucksack des
76-Jährigen mit. Ihr Opfer lassen sie zusammengekrümmt
und mit schwersten Verletzungen auf den Fliesen zurück.
Der pensionierte Schulleiter hatte die Angreifer kurz zuvor
in der U-Bahn ermahnt, nicht zu rauchen.

Die Bilder der U-Bahn-Schläger haben sich ins Gedächt-
nis gegraben wie kaum eine andere Straftat der vergangenen Jahre. Die Tat erschien wie ein Menetekel, sie weckte
die Ahnung, wie es in unseren Städten zugehen könnte,
sollte die Zahl der Jugendlichen steigen, deren Botschaft
lautet: Wir verachten euch und eure Gebote.

Gezielt und kaltblütig, brutal und erbarmungslos, so
nannte Richter Reinhold Baier das Verhalten der Täter. „Die
haben meinen Kopf als Fußball verwendet", sagte der
Schulleiter vor Gericht.

Das Gericht verhängte harte Strafen: achteinhalb Jahre
bekam Spyridon, der Jüngere, zwölf Jahre Serkan, der sich

nach dem Urteil, schon im Gefangenentransporter, mit „Stinkefinger" verabschiedete.

Auch andere junge Täter wie der 20-jährige Patrick aus Frankenberg, der seinen Freunden zeigen wollte, wie man einem Menschen „richtig" ins Gesicht tritt, (S. 107ff) wurden hart bestraft – ein Signal, dass die Gerichte dem wachsenden Bedürfnis nach Sanktionen Rechnung tragen. Umfragen ergaben, dass im Vergleich zu den Siebzigerjahren fast doppelt so viele Deutsche auf Abschreckung und Vergeltung setzen statt auf Resozialisierung.[2] Kriminologen sprechen von einer „neuen Lust am Strafen".[3]

Dabei bestehen berechtigte Zweifel, ob die Jugendgewalt tatsächlich quantitativ zugenommen hat. Was früher noch als „normale" Schlägerei unter Jugendbanden abgetan wurde, wird heute angezeigt. Geändert hat sich dagegen die Qualität vieler Auseinandersetzungen, und das ist genug Grund zur Sorge. „Früher gab es eine natürliche Hemmschwelle: Wenn jemand bei der Schulhofprügelei am Boden lag, wurde nicht mehr nachgetreten. Das ist heute anders", sagte der niedersächsische Innenminister Uwe Schünemann in einem Interview.[4] Auseinandersetzungen werden ziellos geführt, beobachtet der Stuttgarter Kinder- und Jugendpsychiater Reinmar du Bois, der als Gerichtsgutachter einen Blick für wandelnde Moden der Gewalt entwickelt hat. Gewalt verfolge heute keinen Zweck mehr, sie sei oftmals „eigenartig banal" und werde spontan inszeniert und stilisiert, als ginge es um eine Selbstdarstellung auf einer Bühne. „Fragt man die Täter nach dem Grund, sagen sie: Och, das ist mir eben so passiert. Da war ich besoffen. Oder: Die anderen haben das ja auch gemacht, da wollte ich eben mitmachen."

Taten wie jene in München verunsichern, machen fassungslos und wütend. Dabei wird eine wichtige Frage fast zur Nebensache: Welche Faktoren spielen eine Rolle, wenn junge Menschen weder Skrupel noch Mitgefühl zeigen? Geht es hier nur um einige wenige Fälle von extremer Verrohung und seelischer Kälte? Oder steckt dahinter mehr, ist der Mangel an Mitleid ein Phänomen, das „auf einen allgemeinen gesellschaftlichen Aggregatzustand hinweisen könnte", wie der Diplompsychologe Claus Koch zur Diskussion stellt?[5] Ein Phänomen, das bald breiter um sich greifen könnte, wenn es nicht erkannt und bekämpft wird?

Mangelndes Mitleid bei jungen Menschen irritiert schließlich nicht nur Richter und Staatsanwälte, sondern beschäftigt in vielen Schattierungen auch Lehrer, Erzieher, Sozialpädagogen, Ärzte und natürlich Eltern. „In zunehmendem Maße sieht sich die Schule mit Kindern konfrontiert, bei denen eine schwere Beeinträchtigung im Bereich des Mitfühlens und der Empathie vorliegt, meist kombiniert mit einer starken Tendenz, Gewalt gegen andere einzusetzen", stellt der Freiburger Psychiater und Neurobiologe Joachim Bauer fest.[6]

Die Verfasserinnen der Bella-Studie zur psychischen Gesundheit von Kindern in Deutschland fanden bei fast acht Prozent der Kinder Hinweise auf eine „Störung des Sozialverhaltens".[7] Sie fragten Eltern beispielsweise, ob ihre Kinder hilfsbereit seien, Rücksicht auf Jüngere nähmen, bereit seien zu teilen und Mitgefühl zeigten. Die meisten Eltern konnten das bejahen. Etwa fünf Prozent sagten jedoch, ihr Kind zeige kein Schuldbewusstsein, wenn es sich anderen gegenüber schlecht benommen habe.

Die Empathie, zu deutsch Einfühlungsvermögen, ist das

Ohr, das Auge, das Sensorium für die Bedürfnisse des anderen. Sie schließt die Fähigkeit zum Zuhören ebenso ein wie zur praktischen Hilfe. Empathie ist die elementare Voraussetzung, damit aus Gemeinschaften mehr wird als ein dumpfes oder aggressives Nebeneinander, damit Freundschaften wachsen und Wertevorstellungen an die nächste Generation weitergegeben werden können.

Die entscheidenden Weichen dafür werden in der frühen Kindheit gestellt, sagt die Entwicklungspsychologin Doris Bischof-Köhler. Wir kommen nicht als unbeschriebenes Blatt zur Welt. Manche Kinder beispielsweise besitzen von Geburt an ein „schwieriges Temperament", sie sind Schreikinder wie Lukas aus Kapitel 1, die Reize neurologisch anders verarbeiten und schwer zu beruhigen sind. Das macht es Eltern schwer, eine gute Beziehung zu ihrem Kind aufzubauen und auf seine Bedürfnisse zu reagieren, die Voraussetzung für seine spätere Empathiefähigkeit. Solche anstrengenden Kinder bräuchten eigentlich besonders aufmerksame, kompetente, geduldige und stabile Eltern, die sich in ihrer Erziehung einig sind. Sehr wichtig ist deshalb frühe Unterstützung, um den Teufelskreis aus Geschrei und Missverstehen kindlicher Bedürfnisse zu unterbrechen, bevor sich verhängnisvolle Muster verfestigen. Tröstlich der Satz der Diplompsychologin Christina Stadler aus Frankfurt, die eine Aggressionssprechstunde an der Uniklinik leitet: „Nichts ist unveränderbar bei kleinen Kindern."

Umso erstaunlicher, dass es noch so wenig Bewusstsein für die frühen Einflüsse auf unsere Beziehungsfähigkeit gibt. Eltern von Kleinkindern wissen heute viel über intellektuelle Anregungen für ihr Kind und wenig über seine Herzensbildung. Empathie muss eingeübt und ständig trainiert werden, auch in den Folgejahren. Dazu braucht es menschliche Nähe und „Bildungsorte mitten im Leben, wo Menschen sind, wo Armut, Schmerz, Krankheit, Trauer und Freude fühlbar sind."[8]

In der Schule ist die Förderung der „sozialen Intelligenz" meist Nebensache. Zunehmender Zeit- und Leistungsdruck und die einseitige Betonung der kognitiven Fähigkeiten machen Kinder eher zu Einzelkämpfern als zu sozialverträglichen Menschen. Mobbing, die „stille Form der Gewalt"[9], ist zugleich die am meisten tolerierte Gewalt in der Schule, darauf deuten verschiedene Untersuchungen hin, denn sie kommt enorm häufig vor: Fünf bis zehn Prozent der Schüler werden Woche für Woche Zielscheibe verletzender Kommentare ihrer Mitschüler, genauso hoch ist der Anteil der Mobber.[10] Ein Teil der Klasse sympathisiert mit den Tätern oder schaut lieber weg, aus Desinteresse oder Furcht, selbst zur Zielscheibe zu werden.

Vier Jahre lang bestimmten Beschimpfungen wie „Hurentochter" und „Fick dich doch, du Schlampe" den Umgangston zwischen den Hauptschülerinnen Jennifer und Cindy (s. S. 129ff). Ihre Lehrer übersahen das Problem, bis der Streit eskalierte und Cindy ihre Klassenkameradin an der Bushaltestelle ins Gesicht schlug. Die Clique rief: „Los! Hau ihr aufs Maul", drei Mitschüler filmten mit ihren Handys die blutende Jennifer und verschickten die Bilder danach an Freunde. „Alle haben diese Filme gesehen", sagt die Täterin noch heute, „alle fanden sie voll witzig." Eine doppelte Demütigung für das Opfer und kein Einzelfall: Mehr als siebzig Prozent der 12- bis 13-Jährigen sind solche selbst gedrehten Handyvideos mit Prügelszenen ein Begriff, englisch auch „Happy Slapping" – fröhliches Draufhauen – genannt. Ähnlich verbreitet ist das „Mobile Bullying", das andere in peinlichen Situationen zeigt. Unter den 12- bis 13-jährigen Schülern hat laut einer Studie jeder Vierte schon einmal solche Filme konsumiert.[11]

Natürlich gibt es mehr als einen Grund, wenn Kinder andere demütigen und quälen. Einer der wichtigsten scheint zu sein: Sie haben nicht gelernt – oder sie haben verlernt – Gefühle anderer zu „lesen". Ihnen fehlt die Vorstellung, was ihr Handeln beim anderen auslöst.

Mangelnde Empathie gilt unter Kinder- und Jugendpsychiatern als schwerer Defekt, vergleichbar mit dem Verlust eines Beins oder Arms – so sah es die im Jahr 2006 verstorbene amerikanische Kinderpsychiaterin Paulina Kernberg.[12] Mit Blick auf die Spätfolgen ist ihr Vergleich fast eine Untertreibung. Ein fehlendes Bein macht zunächst immobil, kann aber durch eine Prothese ersetzt werden. Die fehlende Antenne für Gefühle anderer macht dagegen unfähig zu lieben, macht einsam, in manchen Fällen sogar kriminell. Umso wichtiger, sich jene Fähigkeit genauer anzuschauen, die der Züricher Psychoanalytiker Arno Gruen den Kern des Menschseins und unsere „Schranke zum Unmenschlichen"[13] nannte – Grundlage also für jedes Gemeinwesen. „Ohne soziale Kompetenzen keine Kooperation, keine Verantwortungsübernahme, keine Partizipation, ohne diese Qualifikationen der Individuen keine Demokratie", sagt Wolfgang Edelstein[14], der ehemalige Direktor des Max-Planck-Instituts für Bildungsforschung in Berlin.

Das gilt nicht nur für junge Menschen. Niemals zuvor wurden die menschlichen Fähigkeiten von Bankern, Managern und Unternehmern so angezweifelt wie im vergange-

nen Jahr, als Bundespräsident Horst Köhler die Finanz-
märkte mit einem „Monster" verglich.

Wir werden nicht als Ungeheuer oder Schläger geboren,
sondern kommen mit besten Voraussetzungen für soziales
Lernen zur Welt. Ergebnisse der Bindungsforschung zeigen,
dass wir von Geburt an Meister der Kommunikation sind,
Mutter und Vater mit intensiven Blicken, Gesten und Lauten um die lebensnotwendige Zuwendung bitten und um
Spiegelung dessen, was wir empfinden und nicht in Worten
ausdrücken können.

Die Entdeckung der „Spiegelneuronen" – hochspeziali-
sierter Nervenzellen, die Säuglinge in innigen Kontakt zu
ihren Eltern bringen und damit die Grundlage für gegensei-
tiges intuitives Verständnis legen – ist ein entscheidender
Fortschritt auf diesem Gebiet. Der Freiburger Psychiater
Joachim Bauer[15] zählt diese Neuronen und ihre Fähigkeiten
zu den „wichtigsten Utensilien im Gepäck für die Reise
durch das Leben". Erst wer sich von seinen Eltern in seinen
Empfindungen bestätigt fühlen darf, ist zur nächsten Ent-
wicklungsstufe fähig, nämlich den Unterschied zwischen
Ich und Du zu entdecken und sich vorzustellen, was im anderen geschieht.

Die meisten Eltern machen intuitiv das Richtige, erkennen aufmerksam und feinfühlig die Bedürfnisse ihres Kindes. Doch bei einigen Kindern fällt schon in den ersten Monaten auf, dass diese lebenswichtige Zwiesprache gestört
ist. Arno Gruen spricht vom „Terror der Leere"[16], den ein
Säugling empfindet, dessen Mutter zwar körperlich anwe-
send, aber emotional nicht erreichbar ist.

Dieses Buch gibt Einblicke in die Nöte von "kalten" Kindern und ihren Familien und verbindet sie mit Erkenntnis-

sen der Empathieforschung. Grausame Taten lassen sich selten ausschließlich mit einer leidvollen Kindheit erklären oder gar entschuldigen. Aber aus leidvollen Erfahrungen lässt sich etwas über gute Kindheit lernen: „Es ist die Entwicklung, die zum Unmenschlichen führt, die uns Aufschlüsse gibt, wie das Gute im Menschen sich entwickeln könnte"[17], sagt Gruen.

Die Namen aller Kinder und ihrer Familien wurden – mit Ausnahme der öffentlich in der Presse diskutierten Fälle – geändert. Bewusst wurden Kinder aus verschiedenen Milieus gewählt, denn Mangel an Mitleid findet sich nicht nur in den unteren Schichten.

Dieses Buch will aber nicht nur Missstände beschreiben, sondern Mut machen: Es lässt Hebammen und Sozialpädagogen zu Wort kommen, die Eltern helfen, Gespür für die Bedürfnisse der Kleinsten zu entwickeln. Es beschreibt, wie Lehrer ihre Klasse anleiten, sich in die seelischen Probleme ihrer Mitschüler einzufühlen. Und es schildert die Arbeit von Psychologen eines Jugendgefängnisses, die mit jungen Häftlingen „Opfer-Empathie" trainieren.

Sie alle sind Pioniere auf einem Gebiet, das noch viel Forschungsarbeit erfordert. Noch mehr aber sind Erwachsene gefragt, die den Kern des Menschseins im Alltag, in der Schule, in den Betrieben vorleben. Denn Kinder und Jugendliche lernen Menschlichkeit am Modell. An uns.

1. „Für Lukas gibt es nur Lukas"

Neulich, beim Geburtstag seines Cousins, ist Lukas aus dem Fenster gesprungen, einfach so. Ihm passierte nichts, das Fenster lag im Erdgeschoss. Aber die Eltern waren von seinem Auftritt peinlich berührt. „Er wollte mal wieder im Mittelpunkt stehen", sagt seine Mutter. Der „schreckliche" Sohn, wie ein Verwandter sagt. „Dein Sohn", wie ihr Mann betont.

Marlene ist 43, sie hat den schmalen Körper einer Tänzerin. Sie lebt in einer Kleinstadt in einem modernen Haus. Viel Holz, viel Glas, ein großzügiger Garten, kein Fernseher. Das Herzstück ist die Küche, und wer sie betritt, hat sofort das Gefühl, im Reich einer Frau zu sein, die nichts dem Zufall überlässt. Die Teller stehen ordentlich gestapelt in den Schränken, ebenso die Kochbücher, auf der sauber gescheuerten Arbeitsplatte liegen ein paar Karotten. Sie kocht täglich frisch, viel Biogemüse, wenig Fleisch. Das ist gut für Lukas.

Ihr ältester Sohn ist hyperaktiv. ADHS, so lautete die Diagnose des Arztes, als Lukas noch in die dritte Klasse der Grundschule ging. Inzwischen ist Lukas 18, wenn er längere Zeit sitzt, wippen beide Füße unterm Tisch. Doch es sind ganz andere Dinge, die seine Eltern stören. Lukas trickse und lüge, er halte sich an keine Regel, er denke nur an sich. Lukas mangele es an Einfühlungsvermögen, sagt der Kinderpsychiater. Das steht in keinem ärztlichen Attest. Aber es treibt die Familie zur Verzweiflung.

„Für Lukas", erklärt die Mutter, „gibt es nur Lukas." Lukas kommt nach Hause und wirft Jacke und Schuhe auf den

Boden. Lukas reißt den Kühlschrank auf, verschlingt, was er zu greifen kriegt, trinkt die ganze Milchflasche leer und den letzten Schluck Saft. Lukas mische sich „mit seiner lauten Stimme und Präsenz" in jedes Gespräch. Lukas sei ein sozialer Sprengkörper. Gäste lädt sie deshalb nur noch selten ein.

Der Junge merkt das gar nicht, glaubt sie, er hat kein Gefühl dafür, wie sein Verhalten bei anderen ankommt. Jeden Tag ruft er einen Cousin an, seine Patentante, seine Oma. „Manche mögen das nicht, jeden Tag angerufen zu werden. Ja, er nervt, aber das merkt er nicht – er hat ja schon immer jeden genervt." Anstrengend sei das, „abends ist man ganz zittrig".

Vor ein paar Wochen gab es mal wieder Streit. Jonathan hatte die Toilette beschmutzt. „Mach das sauber!", verlangte Lukas von seinem kleinen Bruder. „Nein", erwiderte der elfjährige Jonathan, „das ist eklig." Die Mutter kam hinzu. „Ich mach das", entschied sie. Lukas reagierte sauer, entriss Jonathan sein Handy. „Stopp, ich erziehe mein Kind, nicht du!", sagte Marlene. „Gib mir sofort Jonathans Handy zurück." Lukas weigerte sich. „Dann nehme ich dir auch was weg", konterte sie und griff sich seinen Laptop. Lukas versuchte darauf, den Computer zu packen. Sie schrie: „Fass mich nicht an!", und flüchtete in ihr Schlafzimmer. Lukas hämmerte gegen die verschlossene Tür. Jonathan fing an zu weinen. Als sie die Tür öffnete, hatte Lukas eine Schranktür in der Hand. Er schleuderte die Tür über den Flur, seiner Mutter hinterher. Doch die war schon ein Stockwerk tiefer in der Küche.

Sie lasse den Jüngeren nie allein mit seinem Bruder, sagt sie. Es könnte „was Schlimmes" passieren. Lukas kenne keine Grenzen. Deshalb ist sie immer früher zu Hause als Lukas. Einmal habe er den Bruder die Treppe hinuntergestoßen und dies als Versehen entschuldigt. „Das war Absicht", sagte Jonathan.

Seit Lukas voriges Jahr seine Medikamente abgesetzt hat, gegen den Rat des Arztes, häufen sich solche Zustände. Lukas findet die Pillen lästig, sie dämpften ihn, sagt er. „Man fühlt sich, als ob man durch Wasser läuft." Seitdem ist Marlene ein paarmal kurz davor gewesen, die Polizei zu holen. So wie nach der Attacke mit der Schranktür. Aber sie hat es dann gelassen.

Etwas an ihrem Sohn ist ihr fremd. Lukas hat einen Intelligenzquotienten von 130, er ist hochbegabt, er beobachtet genau und formuliert präzise. Als Kind saß er lieber bei Erwachsenen, Gleichaltrige fand er „kindisch". Lukas ist wie eine vielfach gestrichene Wand. Wer die oberste glatte Lackschicht abkratzt, findet darunter immer neue Überraschungen, und seine Mutter befürchtet vor allem böse Überraschungen. Sie sei die Einzige, die noch zu ihm halte, sagt sie. Alle anderen hätten die Nase voll von ihm, auch sein Vater und sein Bruder. Sie zieht die Schultern hoch, als würde sie frieren. Sie sieht müde aus. Vor kurzem hat ihr Ehemann sie vor die Alternative gestellt: entweder Lukas zieht aus – oder er.

Lukas kommt die Treppe herunter, barfuß, groß, blond. Er lächelt und macht sich an der Espressomaschine zu schaffen. Beim Mittagessen füllt er den Teller des Gastes zuerst. Lukas sei wie Felix Krull, hat seine Mutter am Telefon gesagt. Die Hauptfigur aus einem Roman von Thomas Mann, ein Hochstapler und Betrüger. Charmant, freundlich, oberflächlich einfühlsam, aber äußerst zielstrebig, wenn er etwas will. „Er benutzt Menschen, er saugt sie aus." Zuvorderst sie. Voriges Jahr verlangte er ganz dringend einen Laptop, das Beste sollte es sein. Sie lieh ihm schließlich 1100 Euro, „die ich nicht hatte". Er versprach, einen Aushilfsjob anzunehmen und die Summe abzuarbeiten. Doch er schmiss den Job schon nach wenigen Tagen hin und Marlene blieb auf den Kosten sitzen.

Lukas hat schon wieder eine Hiobsbotschaft. Er hat seinen neuen Job als Praktikant in einem Softwareunternehmen verloren. Er hatte drei Tage unentschuldigt gefehlt. Ungerecht findet Lukas das, schließlich sei er krank gewesen. „Die wollen uns Praktikanten doch nur ausbeuten." – „Na dann musst Du eben wieder im Getränkemarkt arbeiten", sagt die Mutter. „Man muss eine Krankmeldung bringen, das hab ich dir doch gesagt." – „Hast du nicht gesagt!", kontert er. „Außerdem, du weißt doch, ich geh nicht zu Ärzten, dort sitzt bloß ein Haufen alter Leute rum und man steckt sich an." Schon wieder ein Job, an dem er gescheitert ist. „Wie war das denn bei Opa?", fragt die Mutter spitz. „Der hat dir Arbeit gegeben und will dich jetzt auch nicht mehr." – „Die Arbeit war scheiße", sagt Lukas. „Ich war froh, als ich bei Opa weg war." Die Aushilfe bei einem Zirkus? „War anfangs toll, aber irgendwann hat der Mann mich mit seinen Problemen belastet. Außerdem war ich der Bimbo, musste morgens um halb fünf aufstehen und die Drecksarbeit machen. Da haben wir uns freundschaftlich getrennt."

Er könne Menschen überzeugen, sagt er, als Marlene gerade draußen ist. Manchmal auch seine Mutter. Zum Beispiel, als er eine Gitarre haben wollte. „Ich sagte ihr morgens, ich will eine Gitarre und kam mittags zurück mit einer, die hatte ich günstig von einem Mitschüler gekauft." Sie steht jetzt in seinem Zimmer, neben dem Bücherbord mit Romanen wie „Illuminati" und „Das Sakrileg". Mama hat die vierzig Euro bezahlt. Als nächstes wünscht er sich „dringend eine tolle Outdoor-Ausrüstung". Den Führerschein. Und eine Fernreise. Vielleicht auch eine eigene Wohnung, von den Eltern bezahlt. Er malt sich aus, wie er sie einrichten könnte, denn „die eigene Wohnung", doziert er, „ist eine ganz wichtige Hauptenergiequelle".

Ja, er sei egoistisch, sagt er ohne Umschweife und fast ein bisschen stolz. „Aber ich teile auch viel, beispielsweise habe ich einem Kumpel unsere Reise nach Holland finanziert. Ich mag es aber überhaupt nicht, wenn Menschen schnorren."

Die Geschichte mit der Schranktür? Fast vergessen. Entschuldigt habe er sich nicht, warum auch? Schließlich habe er die Tür „mit voller Absicht und absoluter Kraft" durch den Flur geworfen, sagt Lukas. Allerdings erst, als seine Mutter die Treppe hinabgestiegen war. „Ich hätte sie niemals auf sie geworfen." Seinen Ausbruch findet er immer noch berechtigt. „Sie babbelt einen dicht. Ich sehe nicht ein, weshalb ich mich entschuldigen sollte." Warum nicht? „Weil das erstens nicht bei ihr ankommt und sie, zweitens, auch Schuld hat. Wenn ich jemanden nerve, muss ich damit rechnen, dass der mir was an den Kopf wirft. Schließlich bin ich die Ursache. Das ist schon in Ordnung." Lukas geht raus, Zigaretten besorgen.

Als Lukas per Kaiserschnitt zur Welt kam, war Marlene 25. „Es war wunderschön, ein Kind zu bekommen" erinnert sie sich. „Ich wollte unbedingt eine Familie haben, und ich wollte alles richtig machen", sagt sie. „Ich wollte nicht, dass er weint oder traurig ist. Nachts durfte er immer in meinem Arm schlafen, damit er nie einsam war."

Lukas ist ein unruhiges Kind. Er schreit viel. Sein Vater Markus hat gerade sein Studium beendet und will seine Diplomarbeit schreiben. Das Baby weckt sie bis zu zehnmal in der Nacht. Er fährt den Kleinen im Auto um den Block, bis er schläft. Sie trägt ihn stundenlang herum. Drei Jahre dauert es, bis Lukas erstmals nachts durchschläft.

Marlene geht auf in diesem Kind. Sie und Lukas – das ist eine Einheit. Sie erinnert sich gern an die Zeit, als sie mit Lukas jeden Tag ins Schwimmbad oder in den Wald ging. In der Beziehung zu ihrem Mann dagegen kriselte es. Wenn er nach Hause kam, nervte das Baby, das seine Mutter aufzusaugen schien. Lukas habe „volle Zuwendung durch sein Fehlverhalten eingefordert", sagt der Ehemann. Er findet seine Frau zu nachgiebig. Wenn er da ist, haben andere Regeln zu gelten. Härte nennt er das. Lukas habe „ein bisschen Pech" mit ihm, seinem Vater, sagt er. „Ich bin aufbrausend und jähzornig. Vielleicht hat er sich das abgeguckt."

Marlene schildert, wie ihr Mann Lukas das Fläschchen gab. „Er hatte ihn auf den Boden gelegt und Kissen um ihn herum aufgebaut, auf die er das Fläschchen legte – bloß damit er ihn nicht in den Arm nehmen musste." Eines Nachts habe sie ein dumpfes Schreien gehört. „Da hatte er ein Kissen auf Lukas gelegt. Ich habe ihn zur Rede gestellt. Er sagte, er wollte es doch nur ruhiger haben. Von da an war klar, ich musste mein Kind vor ihm schützen."

Mein Kind, sagt sie. „Dein Kind", sagt ihr Mann. Das sei der Kern ihrer privaten Tragödie. „Lukas möchte von ihm geliebt werden, aber das wird er nicht", sagt sie. Deshalb ist die Atmosphäre zu Hause aufgeladen, sobald Lukas auf der Bildfläche erscheint und Vater und Sohn sich begegnen. „Lukas ist auch sehr provozierend. Er knallt die Teller auf den Tisch. Seit zehn Jahren sag ich ihm jeden Tag, dass er das nicht tun soll. Er tut es trotzdem. Eine Zeitlang habe ich nicht mehr gefrühstückt, weil es jeden Morgen Theater gab. Meinen Mann stört es schon, wie dick Lukas Butter aufs Brot schmiert. Wenn Lukas hungrig ist, wird er zum Tier. Er reißt einem das Essen dann fast aus der Hand, er ist so triebhaft." Dahinter stecke riesiger Hunger nach der Anerkennung des Vaters, glaubt sie. Lukas sei zu kurz gekommen. „Er ist nicht satt und nimmt sich deshalb, was er braucht, mit Gewalt."

Als Lukas fünf ist, sagt er: „Ich bin ich, und ich mache was ich will!" Er ist ein hellwacher kleiner Blondschopf, der schnell begreift, aber er findet keinen Draht zu anderen Kindern. Marlene wird von den Erzieherinnen immer wieder zum Krisengespräch gebeten. Eltern beklagen sich, weil er ihren Kindern die Schaufel auf den Kopf haut. „Lukas konnte nicht spielen", sagt seine Mutter, „er machte nur Quatsch oder etwas kaputt." Einmal, erinnert sie sich, hatte er einem Jungen heimlich Geld weggenommen, auf dem Nachhauseweg bat er seinen Vater, an einem Sandkasten anzuhalten, er vergrub die Münzen, um sie gleich wieder auszubuddeln: „Guck mal, ich hab Geld gefunden". Wenn er zum Kindergeburtstag eingeladen wurde, habe er sich in den Mittelpunkt gedrängt. „Beim nächsten Mal sagten die Eltern: Der nicht mehr."

Lukas, der Außenseiter. Das zeigte sich in aller Deutlichkeit, als sein Bruder Jonathan geboren wurde. Der Sechsjährige fühlte sich von der Mutter zur Seite gestellt.

Einmal fuhr er seinem kleinen Bruder mit einem Schlitten übers Gesicht, Jonathan blutete stark an der Lippe. „Aus Versehen", erklärte er. „Schon komisch, diese Versehen", grübelt die Mutter.

Der kleine Bruder Jonathan flitzt durch den Garten, dort steht ein Trampolin. Er springt aufs Trampolin, schlägt ein paar kühne Salti. Vorwärts, rückwärts. Dann kommt er zu seinem Vater zurück, der am Gartentisch sitzt, nimmt dessen Hand. Er schaut seinen Daumen an, den sich der Vater beim Kaffeebrühen verbrannt hat, streichelt ihn behutsam. „Bei Jonathan kann man sich ausruhen", bekennt der Vater. „Mit ihm muss man nicht ständig kämpfen." Der Vater spricht es nicht aus, aber es ist unmissverständlich: Lukas ist eine Enttäuschung, besonders für einen, der ehrgeizig ist und sein Leben und seinen Aufstieg systematisch plant. „Andere Kollegen hatten Vorzeigekinder, bei denen alles gut lief, damit musste man erst fertig werden." Lukas nennt seinen Vater „so einen Business-Typen." Sie reden an diesem Tag höflich miteinander, sie berühren sich nicht.

Jonathan verehrt seinen älteren Bruder, ruft ihn besorgt auf dem Handy an, wenn er gerade mal wieder für ein paar Tage verschwindet, weil zu Hause dicke Luft herrscht, er schenkt dem großen Bruder Aufkleber. Ob er sich denn auch Gedanken um den kleinen Bruder mache, will die Mutter von Lukas wissen. „Eher selten", antwortet er, „ich hab immer was zu tun. Außerdem sagst du doch, ich soll mich von ihm fernhalten."

In der Grundschule fällt Lukas auf, weil er sich nicht konzentrieren kann, anderen ins Wort fällt, viel „kaputtbastelt", wie er es nennt. Die Pausen muss er manchmal allein im Klassenzimmer verbringen. Er schafft es auf das

Gymnasium, aber von Anfang an läuft es chaotisch. Marlene zittert schon, wenn das Telefon klingelt. Der Rektor? Ständig hagelt es Beschwerden. Lukas läuft im Klassenzimmer herum, haut Mitschülern mit dem Lineal auf den Kopf, weiß alles besser, macht seine Hausaufgaben nicht. „Viel Mist gebaut", so nennt er das. Darunter leidet er auch selbst. Die meisten Stunden verbringt er draußen auf dem Flur, einmal verkriecht er sich im Schrank. Er will nicht mehr rauskommen. Er hat keinen, der sich sein Freund nennen würde. „Warum bin ich so, so komisch?", fragt der Fünftklässler seine Mutter. Abends, beim Einschlafen, habe er manchmal weinend ihre Hand gehalten und versprochen: „Ich will nicht so sein, ich ändere mich."

Die Eltern melden ihn auf einer Gesamtschule an, auch dort sitzt er mehr auf dem Flur als im Klassenzimmer. Der Schulpsychologe rät, ihn in der Kinderpsychiatrie untersuchen zu lassen. Die Ärzte sollen herausfinden, wie dem 13-Jährigen zu helfen ist, der sich so resistent gegen alle therapeutischen Bemühungen zeigt. Zur ADHS komme eine Störung des Sozialverhaltens, so lautet die Diagnose. Acht Monate bleibt er in der Klinik. Zweimal die Woche spricht ein Arzt mit ihm. „Man hat ihn mit Tabletten vollgestopft und als interessantes Forschungsobjekt betrachtet", glaubt seine Mutter. Lukas bekommt außer Ritalin auch Risperdal gegen „oppositionelles Verhalten", Psychopharmaka, die auch dementen oder psychotischen Patienten verschrieben werden. „Er hat viel geweint, war ganz dünn und blass, es war eine schreckliche Zeit", erinnert sich Marlene. Als die Rede davon ist, dass Lukas nach dem Krankenhausaufenthalt in ein Heim soll, holt sie ihn nach Hause. Lukas geht auf eine Privatschule, bis auch von dort Kapitulation gemeldet wird. Lukas sei zu schlau. Dass er ein Jahr später den Abschluss auf einer Realschule macht, erscheint der Mutter noch heute wie ein kleines Wunder. Er hatte dort eine sehr energische Lehrerin. Lukas will „endlich normal sein" und das Abitur machen. Er besucht eine Fachoberschule, Schule Nummer sechs, scheitert, wiederholt die elfte Klasse. Er habe keine Lust zu pauken, glaubt seine Mutter. Seine Hochbegabung sei ein Klotz am Bein, findet er selbst. „Es gibt viele, die sind strunzdoof, aber die kommen viel weiter. Ein Frosch", bemerkt er süffisant, „denkt eben nicht darüber nach, wer er ist, deshalb kann er Frosch sein."

Lukas ist auch hier wieder der Außenseiter, aber das sieht er nicht so. „Vielleicht habe ich eine andere Vorstellung von Freundschaft. Jedenfalls ziehe ich keine Hip-Hop-Hosen an, um mich anzupassen." Bloß mit Charly, einer Klassenkameradin, ist es anders. Die sei so wie er, ein bisschen schräg, jedenfalls nicht spießig und gewöhnlich.

Das tägliche Spießerdasein zu Hause scheint ihm schon Last genug. Den Müll rausbringen? Soll eigentlich Lukas machen, sagt die Mutter. „Aber ich muss ihn zehnmal bitten und es jeden Tag neu diskutieren. Nichts geht ohne Konflikt." Manchmal fühlt sie sich wie im Dschungelkrieg, man weiß nie, wo der Feind gerade liegt. Mutter gegen Sohn, Sohn gegen Mutter, Vater gegen Mutter, Bruder gegen Bruder. Und dann die ständigen Querschüsse und Beleidigungen. „Mein Mann sagt, wenn der Blödmann den Müll nicht runtertragen will, dann mach ich es auch nicht." Konsequenz: Sie trage den Müll runter. Wie immer. Sie habe immer Mitgefühl, sagt sie. „Wenn einer der Jungs vergessen hat, sein Brot in die Schule mitzunehmen, bring ich es ihm, weil ich nicht ertragen kann, dass er hungern muss." Auch mit Lungenentzündung und 40 Grad Fieber stehe sie noch auf und versorge ihre Familie. „Ich lasse sie nicht hängen."

Marlene glaubt, dass die Egozentrik ihres Sohnes mit dem Vorbild des Vaters zu tun hat. „Vor allem, wie mein Mann mit mir spricht. Er macht alles besser. Ich bin schuld an allem. Die Kinder gucken es ab." Einmal habe Lukas zu seinem Vater gesagt: „Es ist schlecht, wie du mit Mama umgehst." Da war er 13 oder 14. Als sie, die vor der Geburt des Sohnes Medizin studieren wollte, einmal klagte: „Immer bin ich diejenige, die alles putzen muss", habe ihr Mann lapidar erklärt: „Jeder macht eben das, was er kann."

Worte sind Waffen in diesem Haus, sie reißen Löcher. Ihr Mann tue ihr leid, sagt Marlene, er sei doch nur ein Opfer seiner Erziehung. Schon der Schwiegervater habe die Schwiegermutter herabwürdigend behandelt. „Vielleicht verzeihe ich deshalb meinen Söhnen, weil ich weiß, warum sie so sind. Sie haben es nicht anders gelernt."

Marlene spricht meist leise. Sanft. Aber manche ihrer Bemerkungen sind wie fein geriebenes Glas. Ihre schmerzhafte Wirkung entfalten sie erst, wenn man meint, sie schon geschluckt zu haben.

Einmal verließ sie ihren Mann, da war Lukas zwei. Doch der Kleine, erinnert sie sich, habe nachts dauernd nach dem Papa gerufen. Nach einem Jahr kehrte sie zurück. Dem Jungen zuliebe? „Mein Mann und ich lieben uns ja", sagt sie. „Sonst wären wir nicht zusammen." Manchmal seien sie auch ein harmonisches Paar. Im Urlaub, oder an manchen Sonntagen. „Dann trinken wir gemeinsam Tee, sitzen auf dem Sofa und schauen aus dem Fenster." Lukas schläft dann meist noch.

So wie beim zweiten Besuch. Gegen Mittag kommt Lukas die Treppe herunter. Er wirkt noch ein wenig verschlafen. Der Vater ist meist nur am Wochenende da und hört dann die Beschwerden der Mutter. „Das ist so, wie wenn einer zu einer Party kommt, die schon voll in Gang ist, und er hat keine Ahnung, was läuft." Der Erziehungsstil sei immer noch so: „Fünf Tage bestimmt sie, zwei Tage er", sagt Lukas. Inzwischen ist das Lukas ziemlich egal.

Es gibt Regeln im Haus. Es wird gegessen, was auf den Tisch kommt, beispielsweise. Aber es gibt keine Regeln für den Umgang miteinander. Grenzverletzungen oder Beleidigungen bleiben ohne Folge. „Jeder kann alles sagen, ohne Konsequenzen", erklärt Marlene. Wenn ihr Sohn sie beleidige, „dann schluck ich das, er entschuldigt sich ja sowieso nie. Ich bin auch nicht nachtragend". Das sieht Lukas anders. „Mit ihr kann man nicht reden, sie ist sofort beleidigt und schichtet dann Gewürzgläschen von A nach B." Eine Perfektionistin, eine ewige Kontrolleurin, die es nicht ertrage, wenn in ihrem Haus ein Buch verrückt werde. „Sie merkt gar nicht, dass ich mich verändert habe", klagt Lukas. Nach seiner Geburtstagsparty habe er noch in der Nacht alles tiptop aufgeräumt. Als die Eltern am nächsten Tag zurückkamen, habe seine Mutter an einem Butterfleck rumgemäkelt. Wenn ihn die Eltern mal allein zu Hause ließen, „dann nicht ohne fünfstündige Krisensitzung, was ich alles zu beachten habe. Es gibt kein Vertrauen", sagt Lukas. „Solche Mütter", schimpft er, „fressen einem die Seele weg."

„Inkonsequent" nennt der Vater den elterlichen Erziehungsstil. Und der sei eigentlich Gift für Lukas, der eine klare Führung brauche. „Vielleicht hätten wir mal ein Erziehungsprogramm machen müssen, um die Punkte zu versachlichen."

Zu spät. In ein paar Tagen will Lukas nach Kalifornien reisen. Das „leichte Leben" zu Haus werde er vermissen. Sonst nichts. „Unsere Probleme kann man nicht mehr mit Worten klären", sagt Lukas. „Nur mit Abstand. Mich kann man nicht mehr biegen und formen, das kann nur ich selbst." Es herrscht Eiszeit im Haus. Nachts ist Lukas unterwegs, tags schläft er bis weit in den Nachmittag hinein. „Größtmögliche Distanz", nennt das der Vater.

Marlene kocht Paella, die Küche wirkt noch ein bisschen perfekter als das letzte Mal. Wenn sie traurig sei, sagt sie, putze sie eben ein bisschen mehr. Lukas feuert Sätze ab wie: „Das hier ist nicht meine Familie. Ich wohne nur hier." Und: „Ich könnte mir vorstellen, dass ich nie mehr heimkomme." Ein Jahr will er in Kalifornien bleiben, wo es „schönes Meer vor der Haustür" gibt, wie er schwärmt. Zwei Stunden am Tag will er bei Bekannten arbeiten, für die Logis. Und die restliche Zeit? „Mal sehen", sagt er achselzuckend. „Ich finde schnell jemanden, an den ich mich anhängen kann."

2. „Spring doch"

Lörrach, 6. November 2006. Auf dem Dach des Rathauses im südbadischen Lörrach entdecken Passanten gegen zehn Uhr eine junge Frau, die sprungbereit auf der schmalen Blechbrüstung sitzt, sechzehn Stockwerke unter sich. Hausmeister Günter Kainz nähert sich vorsichtig, fragt, ob er ihr helfen kann. „Sie sagte, ich solle sie in Ruhe lassen." Kainz alarmiert die Polizei, die bringt einen Psychologen mit. Immer mehr Passanten auf dem belebten Rathausplatz beobachten das Geschehen in großer Höhe. Ein Krankenwagen fährt vor, die Feuerwehr breitet ein Sprungtuch aus. Um die Mittagszeit haben sich fast hundert Schaulustige vor dem Rathaus versammelt, darunter eine Gruppe Jugendlicher. Zwei Stunden sitzt die junge Frau jetzt schon über dem Abgrund. Dem Hausmeister ist klar: „Ein falsches Wort, und sie springt."

Unten warten die Zuschauer gespannt, ob etwas passiert. Es passiert nichts. Da brüllt einer der Jugendlichen herauf: „Spring doch!" Andere fallen ein. Mindestens dreimal hört der Hausmeister auf dem Dach den Satz: „Spring doch!"

Einige Obdachlose haben sich auf dem Platz versammelt, sie rufen die Jugendlichen zu Ordnung. Der Wortwechsel eskaliert zur Schlägerei. Eine bizarre Situation: Oben will die Polizei eine suizidgefährdete Frau retten, unten muss sie „unter Aufbietung aller verfügbaren Kräfte" prügelnde Zuschauer trennen. Sechs Beamte werden dabei verletzt, acht Schläger festgenommen. Erst nach viereinhalb Stunden lässt sich die junge Frau überreden, vom Dach zu steigen. Sie wird in eine Klinik gebracht.

Das Schlimmste wurde verhütet, ein Leben gerettet, doch die Frage blieb, warum die Situation auf dem Platz so entgleisen konnte. Alkohol, Gruppendruck, Langeweile, Sensationslust? Vier Jugendliche im Alter zwischen siebzehn und zwanzig kamen vor Gericht. Jugendrichterin Annegret Lange befragte Robert, der zwar aus einer intakten Familie stammt, aber schon einmal als Gewalttäter aufgefallen war. Er gab Angriffe auf Polizeibeamte zu, nicht aber „Spring doch!" gerufen zu haben.

Auch die anderen Angeklagten reagierten ähnlich maulfaul. „Da kam nur: Ich bin das nicht gewesen", erinnert sich Oberstaatsanwalt Dieter Inhofer. „Schuld waren immer nur die anderen."

Die Jugendlichen wurden zu sozialen Arbeitsstunden verurteilt – weil sie Polizisten verletzt hatten. Die Rufe vom Rathausplatz blieben dagegen ungesühnt, weil sie dem Einzelnen in der unübersichtlichen Situation auf dem Platz nicht nachzuweisen waren. Aber selbst wenn einer der Angeklagten sie zugegeben hätte, wäre der Nachweis einer Straftat schwierig geworden. „Nicht jedes moralische Fehlverhalten ist auch strafrechtlich relevant", resümierte Jugendrichterin Lange.

Bedenklich bleibt jedoch, dass es den jungen Männern offensichtlich an einer elementaren Fähigkeit mangelte: an Mitgefühl.

Die Entstehungsgeschichte des Einfühlungsvermögens

Der Begriff Empathie stammt aus dem Griechischen und bezeichnet die Fähigkeit, sich in andere einzufühlen (em = hinein, pathos = starkes Gefühl). Diese Fähigkeit zur Teilnahme wird jedem jeden Tag in unterschiedlichsten Situationen abverlangt, um sozial verträglich handeln zu können. Ein ungeschriebenes Gesetz verlangt zum Beispiel, dass eine Touristengruppe, die in eine kirchliche Trauerfeier gerät, so lange mit der Besichtigung wartet, bis die Feier zu Ende ist. Eine Mutter nimmt ihr weinendes Kind nach einem Sturz in den Arm und tröstet es. Ein Arzt, der seinem Patienten eine schlimme Diagnose mitteilen muss, versucht, sie so schonend wie möglich zu vermitteln. Empathie scheint im Alltag so selbstverständlich zu sein, dass sie „erst dann auffällt, wenn sie fehlt", so der Kinderpsychiater Klaus Schmeck.

Doch ist Empathie wirklich selbstverständlich? Anders gefragt: Weshalb gibt es sie? Auf den ersten Blick ist es durchaus nicht logisch, dass Menschen einfühlsam sind. Nach Darwins Theorie überlebt nur jene Spezies, die stärker, gesünder, anpassungsfähiger oder intelligenter ist als andere. Übertragen auf den Urzeitmenschen könnte man ableiten: Wer kraftvoller die Keule schwang, wem es gelang, seinen Gegner trickreich auszuschalten, der hatte bessere Chancen, sich und seine Sippe durchzubringen. Wer anderen half, von den eigenen Vorräten gab, war möglicherweise der Dumme. Einfühlung macht evolutionär also offenbar wenig Sinn. Stimmt das?

Es spricht einiges dafür, dass ausgerechnet die Empathie dazu beigetragen hat, dass der Mensch seine Vorrangstellung entwickeln und ausbauen konnte. Die Natur mag kurzfristig launenhaft wirken, auf lange Sicht aber hat nur Bestand, was sinnvoll ist. Es muss also Gründe geben, weshalb ausgerechnet das Modell des „einfühlsamen Menschen" von der Evolution protegiert wurde.

Es lohnt sich, zunächst das Verhalten von Tieren näher zu betrachten. Selbstloses Tun und Lassen kann man nicht nur bei hoch entwickelten Lebewesen beobachten. Ameisen beispielsweise opfern ihr Leben, um ihren Bau gegen Eindringlinge zu schützen. Auch Wespen- und Bienenarbeiterinnen kämpfen bis zum Tod, um ihre Königin zu verteidigen. Diese Opferhaltung ist keine individuelle Entscheidung: Da Arbeiterbienen nicht fruchtbar sind, trägt nicht ihr Erbgut, sondern lediglich ihre Arbeitskraft zur Arterhaltung bei.

Komplexer ist das Verhalten mancher Vögel, die ihre Artgenossen mit einem Ruf vor Angreifern warnen. Während sich die anderen rechtzeitig in Sicherheit bringen können, macht der Warnende durch seinen Ruf auf sich aufmerksam und kann deshalb zur leichten Beute für den Fressfeind werden.[18]

Tiere verhalten sich nicht nur in bedrohlichen Situationen fürsorglich. Afrikanische Wildhunde teilen ihre Beute mit Rudelmitgliedern, die sich um die Jungen kümmern. Auch Schimpansen teilen ihre Nahrung. Oft bilden Menschenaffen innerhalb der Großgruppe kleine Cliquen, die sich gegenseitig lausen oder gemeinsam gegen Konkurrenten wehren, unter Verhaltensforschern „reziproker Altruismus" genannt. Anderen Tieren zu helfen – und zu ahnen, was dem anderen nützt – kann also durchaus egoistische Motive haben, weil es der Arterhaltung dient.[19]

„Survival of the fittest", Darwins Prinzip, betrifft nicht das Überleben einzelner Individuen, sondern das Fortbestehen einer Art, abstrakt gesprochen: eines gemeinsamen Genpools. Wenn zwei Individuen eng verwandt sind, verfügen sie über viele identische Gene. Tierarten, die in Verwandtschaftsverbänden leben, zeigen immer eine Tendenz zu individueller Uneigennützigkeit. Denn selbst wenn ein Einzelner stirbt, besteht sein Erbgut in seinen Verwandten fort.[20] Auch beim Menschen erhöhen äußerliche Ähnlichkeit und ein enger Verwandtschaftsgrad die Bereitschaft, einander zu helfen.[21]

Menschen sind in hohem Maße soziale Wesen. Ähnlich wie die Fähigkeit zu sprechen ist Empathie erst im Lauf der Evolution entstanden. Die Fähigkeit zur Kommunikation und zur Kooperation ist ein Ausgleich dafür, dass wir körperlich den meisten Tieren unterlegen sind. Wir können weder besonders schnell rennen noch in Windeseile auf Bäume klettern, unsere Sehschärfe ist mittelmäßig bis schlecht, gemessen an unserer Körpergröße sind wir nicht besonders stark; wir besitzen nicht einmal ein Fell, das uns vor Kälte schützt. Umso wichtiger für unser Überleben sind der Schutz der Gruppe und ihr Zusammenhalt.[22]

Gerade für Kinder, die noch lernen müssen, sich in einer unbekannten Welt zurechtzufinden, ist es wichtig, Gefahren aus den Gesichtern, der Körperhaltung oder anderen Äußerungen ihrer Bezugspersonen abzulesen. Diese wichtige Funktion nennt man „soziales Referenzieren": Sieht das Baby ein unbekanntes Objekt, sucht es den Kontakt zur Mutter oder einer anderen wichtigen Bezugsperson. Je nachdem, ob sie ablehnend oder aufgeschlossen reagiert, nähert sich das Kind dem Objekt oder vermeidet es.[23] Damit spart es sich Erfahrungen, die kraftraubend oder gefährlich sein könnten.

Aber auch für erwachsene Tiere und Menschen ist das intuitive Erkennen solcher Signale eine wichtige Orientierungshilfe: Wer lauter zufrieden dreinblickende, entspannte Artgenossen um sich herum sieht, kann davon ausgehen, dass er sich auch entspannen darf. Wer dagegen überall ängstliche Blicke sieht, erkennt auf Anhieb: die Situation ist brenzlig. Spontane Gefühlsübertragung kann Leben retten.[24] Oft geschieht sie unbewusst. Weil sich Menschen als soziale Wesen emotional so gut anstecken lassen, ist uns auch als Erwachsenen nicht immer bewusst, warum wir gerade traurig, angespannt oder fröhlich sind – oft liegt es einfach an der Stimmung, die um uns herum herrscht.

Gefühlsansteckung ist die elementarste empathische Reaktion, sie zeigt sich schon in den ersten Lebenstagen. Weint ein Neugeborenes auf der Säuglingsstation, dauert es meist nur Sekunden, bis das Baby im Nachbarbettchen einstimmt. Es weint nicht aus Mitgefühl, denn es weiß nicht, um wessen Unbehagen es sich handelt – um das eigene oder um das des anderen Kindes?

Das klingt befremdlich – weiß man denn nicht automatisch, um wessen Gefühl es sich handelt? Nein. Kinder lernen erst um das zweite Lebensjahr herum (vgl. S. 64ff), sich als Individuum wahrzunehmen und von anderen zu unterscheiden.

Empathie, Mitgefühl und Hilfe: ein Experiment

Um den Unterschied zwischen Mitgefühl und Gefühlsansteckung zu verdeutlichen, beobachtete Nancy Eisenberg, Psychologie-Professorin an der Arizona State University und renommierte Forscherin auf dem Gebiet der Empathie, Kinder bei verschiedenen Experimenten.[25]

So zeigte sie Grundschülern einen Videofilm, in dem ein verletztes Kind in einem Krankenhauszimmer zu sehen war. Das Film-Kind erzählte, wie unglücklich es sei und wie ungern es sich im Krankenhaus aufhielte.

Eisenberg und ihre Kollegen maßen Puls und Hautleitfähigkeit der jungen Zuschauer. Beides sind deutliche Stress-Indikatoren: Erleben wir etwas Unangenehmes, schlägt das Herz schneller und wir schwitzen stärker. Um diesen Vorgang zu messen, leitet man mittels Elektroden einen sehr schwachen Strom durch die Hand. Beginnt der Proband zu schwitzen, leitet die Haut den Strom besser, als wenn er „cool" und die Haut trocken bleibt.

Nachdem die Kinder den Film gesehen hatten, fragten die Wissenschaftler, wie das leidende Kind denn zu trösten wäre. Vielleicht durch ein Geschenk?

Die Kinder, die ruhiger geblieben waren, entschieden sich dafür, dem Kind zu helfen. Die Kinder, die sich angesichts der Bilder sehr gestresst fühlten, wollten lieber spielen statt dem Kind etwas zu schenken.

Nancy Eisenberg schließt daraus, dass Empathie allein als Motivation zur Hilfsbereitschaft nicht reicht. Die Kinder, die hohe Stressmerkmale zeigten, wollten sich lieber um sich selbst kümmern.

Eisenbergs Schlussfolgerung: Nur, wer sich nicht vom Leid des anderen überwältigen lässt, bleibt in der Lage, Mitgefühl in Fürsorge zu verwandeln.

Dennoch ist die Gefühlsansteckung sehr wichtig. Einige Wissenschaftler sind der Ansicht, dass wir Gefühle anderer überhaupt erst dank dieser angeborenen „emotionalen Empathie" wahrnehmen können. Diese Position vertritt etwa Vittorio Gallese, Physiologieprofessor an der Universität Parma. Gallese ist ein führender Wissenschaftler auf dem Gebiet der Spiegelneuronen – jenen Nervenzellen, die bei der Empathie eine wichtige Rolle spielen (vgl. S. 40ff). Im inneren Mitschwingen, das er „körperliche Simulation" nennt, sieht er nicht nur eine Reaktion auf das Gefühl eines anderen, sondern auch unsere erste Information über seinen Zustand.[26]

Empathie ist nicht gleich Empathie, es gibt sie in verschiedenen Ausprägungen. Wie ein Haus hat diese komplexe Fähigkeit mehrere Ebenen, die aufeinander aufbauen. Grundlage des Empathiegebäudes ist die emotionale Ansteckung, die Fähigkeit, Freud oder Leid anderer wahrzunehmen. Wenn uns in der Schlussszene des „Titanic"-Films die Tränen kommen oder wir uns von der Begeisterung im Fußballstadion mitreißen lassen, passiert genau das: spontane Gefühlsansteckung.

Auf der nächsten Ebene, im Erdgeschoss, lernen wir zu unterscheiden, um wessen Gefühl es sich handelt, um das eigene oder um das eines anderen Menschen. Diese Fähigkeit ist nicht angeboren, sondern wird in der frühen Kindheit erlernt.

Im ersten Stock des Hauses entwickeln wir eine Theorie darüber, warum der andere weint oder ein schmerzverzerrtes Gesicht zeigt. Wir reagieren nicht nur mitfühlend, weil wir den Gesichtsausdruck des anderen wahrnehmen, sondern weil wir mit eigenen Augen sahen, wie er die Treppe hinabstürzte, oder weil uns jemand davon erzählt hat. Solche Gefühle, die wir aufgrund theoretischer Überlegungen entwickeln, gehören zur kognitiven, also erkennend denkenden Empathie. In der Psychologie wird diese rationale Form der Perspektivenübernahme auch „Theory of Mind" genannt.

Emotionale und kognitive Empathie beeinflussen sich gegenseitig: Wenn wir jemanden weinen sehen, fühlen wir automatisch mit, werden also angesteckt. Wenn er uns erzählt, dass er ungerecht behandelt wurde, kann das umso größere Teilnahme in uns wecken. Erfahren wir dagegen, dass er sich selbst in diese schlimme Lage und andere vielleicht in noch größere Not gebracht hat, wird das wahrscheinlich unsere Empathie mindern.

Empathie hätte keine große Bedeutung, wenn sie nur momentane Betroffenheit auslösen würde. Aber Empathie ist Voraussetzung für Fürsorge, Engagement und Zivilcourage; das ist der zweite Stock des Hauses: Mitgefühl für andere und die daraus folgenden Konsequenzen.

Der Unterschied zwischen Empathie und Mitgefühl lässt sich folgendermaßen definieren: Wenn wir nur leiden, weil der andere leidet, sind wir vorwiegend mit uns selbst beschäftigt. Wenn wir unsere Gefühle auf den anderen richten, befähigt und motiviert uns dieser Vorgang, ihm beizustehen. Sind wir einfach nur genauso traurig wie er, wären wir ihm keine große Hilfe. Im Gegenteil: Reine Gefühlsansteckung kann auch Abwehr wecken. Am liebsten würde man sich von der leidenden Person entfernen, um sich nicht weiter vom schlechten Gefühl anstecken zu lassen. Diesen Fluchtimpuls kennt jeder, der ungern Verwandte im Krankenhaus oder Altersheim besucht.

Gefühlsansteckung kann sogar Faszination auslösen. „Das war so ein Nervenkitzel, ob sie springt oder nicht, das hab ich noch nie erlebt", gestand ein Schüler aus Lörrach seinem Schulleiter. Er gehörte nicht zu den „Spring-doch!"- Rufern, schwänzte aber den Unterricht, um das Geschehen auf dem Rathausdach live zu verfolgen.

Mit dieser Haltung steht er nicht allein. Der Kriminologe Hans-Dieter Schwind hält 80 Prozent der Menschen für „potenzielle Gaffer"[27], die bei Unfällen und Gewalttaten tatenlos zuschauen. Solche Zeitgenossen mögen auf den ersten Blick als kalte Naturen erscheinen, gefühllos sind sie dabei nicht. Im Gegenteil – Hilflosigkeit, Unsicherheit, Angst, Neugier, Lust spielen dabei eine Rolle, Gefühle, die diese Menschen selbst betreffen, nicht den anderen. Sensationsgier muss also nicht bedeuten, dass ein Mensch keine Empathie besitzt. Seine Emotion bleibt aber im ersten, egozentrierten Stadium stecken.

Die höchste Stufe der Empathie – sozusagen das Dachgeschoss – ist die Hilfe, die wir jemandem anbieten. Psychologen sprechen von „prosozialem Verhalten" – man könnte dazu auch „aktive Fürsorge" sagen. Sie bedeutet, sich eine Lösung für das Problem des anderen zu überlegen, beispielsweise, Bedürftigen etwas zu schenken oder Eltern auch Jahre nach dem Tod ihres Kindes zu signalisieren, dass man dessen Geburtstag nicht vergessen hat.

Eine wichtige Voraussetzung für die Entscheidung, jemandem zu helfen, ist das Gespür dafür, was der andere braucht. Das geht nicht ohne Vertrauen in die eigenen Fähigkeiten. Jemand, der sich selbst niedergeschlagen und schwach fühlt, wird einen Mutlosen zwar verstehen, ihn aber kaum ermutigen können.

Mitgefühl setzt neben Zeit, Kraft und Geld auch Risiko-bereitschaft voraus und durchaus rationale Abwägung. Selbst ausgesprochen altruistische Menschen stellen einen emotionalen Kosten-Nutzen-Plan auf. Da sie unmöglich allen helfen können, helfen sie in der Regel Menschen, denen sie vertrauen, weil sie ihnen kulturell, familiär oder politisch näher stehen als anderen. Dahinter stecken auch eigennützige Gründe. Wir helfen bevorzugt Menschen, mit denen wir eine Bindung eingegangen sind oder mit denen wir uns eine künftige Bindung vorstellen können. Denn dann ist die Wahrscheinlichkeit größer, dass wir selbst Hilfe bekommen, wenn wir sie benötigen sollten.[28]

Die Stufen der Empathie:

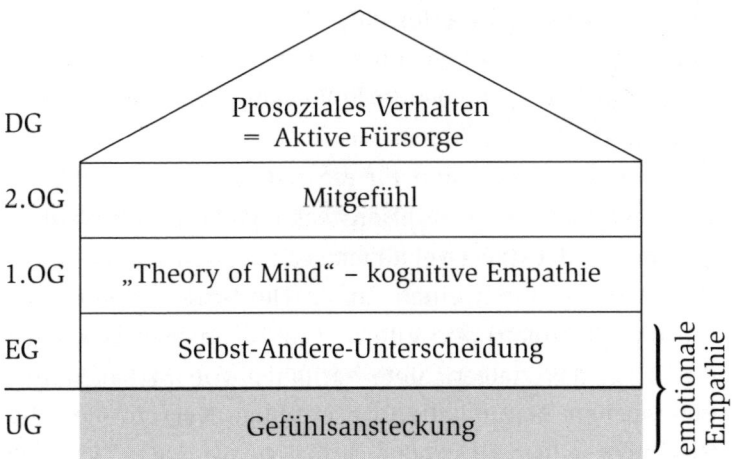

DG	Prosoziales Verhalten = Aktive Fürsorge
2.OG	Mitgefühl
1.OG	„Theory of Mind" – kognitive Empathie
EG	Selbst-Andere-Unterscheidung
UG	Gefühlsansteckung

emotionale Empathie

Was passiert im Gehirn? Die Rolle der Spiegelneuronen

Eine Stelle im Gehirn, in der die Empathie „sitzt", gibt es nicht. Stattdessen spielen beim Mitschwingen, Mitfühlen und fürsorglichen Handeln eine Vielzahl von Regionen zusammen. Weil Empathie immer Gefühle betrifft, werden bei empathischen Reaktionen vor allem jene Regionen im Gehirn aktiv, die auch sonst mit emotionalen Reaktionen in Verbindung gebracht werden: das Limbische System und angrenzende Strukturen, etwa die Insula, auch „Inselrinde" genannt. Die tief im Inneren des Hirns gelegene Insula spielt beim Schmerzempfinden, bei Emotionen und beim körpereigenen Belohnungssystem eine Rolle. Außerdem ist der „sensomotorische Kortex" beteiligt, jener Teil der Hirnrinde, der dafür zuständig ist, die Bewegungen des Körpers mit Wahrnehmungen aus der Umwelt abzugleichen.

Noch sind viele Mechanismen des empathischen Zusammenspiels nicht erforscht, aber in den vergangenen Jahren wurden wichtige Entdeckungen gemacht – zum Beispiel, welch entscheidende Rolle den „Spiegelneuronen" zukommt.

Spiegelneuronen sind für die erste Stufe der Empathie verantwortlich: die Gefühlsansteckung. Mitte der Neunzigerjahre entdeckten zwei italienische Wissenschaftler diese Nervenzellen durch einen Zufall: Die beiden Neurologen Giacomo Rizzolatti und Vittorio Gallese aus Parma wollten eigentlich das zielgerichtete Verhalten von Makakenaffen untersuchen. Dafür hatten sie in einige Nervenzellen des Großhirns feinste Elektroden gepflanzt. Wenn das Tier nach einer Nuss griff, erhielten die Wissenschaftler ein bestimmtes Signal aus dem Makakengehirn. Einmal streckte Rizzolatti selbst seine Hand nach der Nuss aus. Der Affe beobachtete ihn dabei, und das Messgerät schlug aus – so, als hätte das Tier seine eigene Hand bewegt.

Dieser Effekt bei Primaten fesselte die Aufmerksamkeit der Forscher. Sie konnten nachweisen, dass die Gehirnaktivität des Affen kein Zufall war, sondern sich in vielen Experimenten wiederholen ließ. Inzwischen wurden eine Reihe weiterer Spiegelneuronen entdeckt, auch beim Menschen.[29]

„Das System der Spiegelneuronen ist beim Menschen inzwischen besser erforscht als beim Affen", sagt Joachim Bauer, Neurobiologe und Psychotherapeut am Uniklinikum Freiburg und Autor des Buchs „Warum ich fühle, was du fühlst". Sie wurden inzwischen in allen wichtigen Zentren des menschlichen Gehirns entdeckt, die Erleben und Verhalten steuern. Dabei sehen Spiegelneuronen nicht anders aus als andere Nervenzellen, reagieren aber anders: „Sie bilden spiegelbildartig in unseren Körpern ab, was in einer anderen Person vor sich geht", so Bauer. Daher ihr Name.

Oft bleibt es nicht nur bei der unsichtbaren „inneren" Simulation dessen, was wir sehen. Wir haben die Tendenz, den Gesichtsausdruck unseres Gegenübers nachzuahmen. Spiegelneuronen befähigen schon zehn Wochen alte Babys, den Gesichtsausdruck der Mutter oder des Vaters zu imitieren. Einige Spiegelreaktionen machen sich unmittelbar bemerkbar, beispielsweise, wenn wir in einem Fernsehspot einen verschwitzten Abenteurer genussvoll ein eisgekühltes Getränk genießen sehen und plötzlich „trocken" schlucken müssen.

Spiegelneuronen ermöglichen noch mehr: Wir kopieren nicht nur das Verhalten, das wir in diesem Moment beobachten, sondern beenden im Kopf auch Handlungen, deren Anfang wir sehen. Nervöse Beifahrer beispielsweise neigen dazu, in kritischen Situationen auf eine imaginäre Bremse zu treten. Die Resonanz, das Mitschwingen unserer Spiegelneuronen versetzt uns also in die Lage, das Ziel und die Absicht eines anderen zu erkennen, indem wir sein Verhalten innerlich rekonstruieren – wir prognostizieren automatisch, was er als Nächstes tun wird.

Das blitzschnelle Erfassen mittels Spiegelneuronen hat den enormen Vorteil, dass wir nicht erst lange nachdenken müssen, was der andere vorhat. Wir können unsere Umgebung rasch einschätzen, ohne auf zeitraubende und kräftezehrende bewusste Reflexionen angewiesen zu sein. Dieser Prozess der „inneren Simulation" ist angeboren und muss nicht erst mühevoll erlernt werden.[30]

Nicht jedes Mal allerdings, wenn unsere Spiegelneuronen „feuern", können wir von der höchsten Empathiestufe sprechen. Die Aktivierung von Spiegelneuronen ist nur ein Baustein der komplexen empathischen Reaktion. Wenn wir sehen, wie eine Hand nach einem Wasserglas greift, vollziehen wir diese Aktion zwar innerlich nach, aber von Empathie könnten wir erst sprechen, wenn das Glas bersten, sich die Hand dabei verletzen und Mitleid mit dem Besitzer der Hand auslösen würde.

Besonders deutlich wird die Verbindung zwischen Spiegelneuronen und Empathie durch die Experimente der Neurowissenschaftlerin Tania Singer an der Universität Zürich.

Was empfinden Frauen, wenn ihre Männer Schmerzen leiden?

Tania Singer und ihre Kollegen[31] testeten bei 16 Frauen die Gehirnaktivität, während ihren Ehemännern Schmerzen zugefügt wurden. Sie verglichen diese Gehirnaktivität mit jener, die entstand, wenn die Frauen diese Schmerzen selbst erlitten. Der Versuchsaufbau: Die Frau lag im Kernspintomographen, ihr Mann saß daneben. Durch eine Spiegelkonstruktion konnte sie seine Hand sehen, die mit einer Elektrode verbunden war. Zusätzlich sah sie auf einer Anzeige, ob als nächstes sie oder ihr Mann einen Stromstoß erhalten würde, und ob es sich um einen schwachen oder stärkeren, schmerzhaften Stromstoß handeln würde.

Ergebnis: In beiden Fällen wurden bei den Frauen Gehirnregionen aktiv, die Singer als „Schmerzmatrix" bezeichnet. Es gab aber auch einen Bereich, der nur aktiv wurde, wenn die Frauen selbst Schmerzen erlitten. Es gibt also eine gemeinsame Schmerzmatrix für selbst empfundenen und fremden Schmerz – und einen Bereich, der allein für das eigene Empfinden zuständig ist.

Singer schließt daraus, dass uns Spiegelneuronen nicht in die Lage versetzen, die komplette Erfahrung unseres Gegenübers nachzuempfinden. Die Frauen hatten nicht die Illusion eines Schmerzes an der Stelle der Hand, die gerade bei ihrem Mann gereizt wurde. Sie konnten lediglich mitfühlen, dass ihre Männer soeben etwas sehr Unangenehmes erlebten, und teilten deren Stress und innere Anspannung.

Dass beim Beobachten anderer nur ein Teil der

Schmerzmatrix aktiv wird, ist ein bedeutender Teil der sogenannten Selbst-Andere-Unterscheidung, der zweiten Stufe der Empathie. In weiteren Studien stellten Singer und ihre Kollegen fest, dass Spiegelneuronen nicht unter allen Bedingungen gleich stark mitschwingen: Je näher uns jemand steht, je besser wir ihn kennen und sympathischer wir jemanden finden, desto stärker reagieren sie.

Psychopathisch, dissozial, antisozial?

Dr. Hannibal Lecter, Serienmörder und Protagonist aus dem Film „Das Schweigen der Lämmer", gilt als Verkörperung des Psychopathen schlechthin. Oberflächlich einfühlsam, schleicht er sich immer tiefer in die Seelengänge seiner Gegenspielerin ein, einer verbissen kämpfenden FBI-Agentin. Sie ist auf ihn angewiesen, weil er ihr helfen soll, die Denkweise eines anderen Serienmörders zu ergründen, der frei herumläuft, eine riskante Kooperation. Lecter ist ein Mann ohne Empathie und Moral. Ein intelligenter Mensch, der andere geschickt zu manipulieren vermag.

Auch der österreichische Rentner Josef Fritzl, der seine Tochter 24 Jahre in einem Kellerverlies gefangen hielt, dürfte in diese Kategorie gehören. Fritzl inszenierte mit Sorgfalt ein nahezu perfektes Doppelleben. Es gelang ihm, sich in der Öffentlichkeit als fürsorglicher Vater einer Tochter zu inszenieren, die angeblich in eine Sekte abgetaucht war und ihm ihre Säuglinge vor die Tür legte. Er befahl ihr, Briefe zu schrieben, die diese Legende belegen sollten.

Fritzl sei kaum zu Mitgefühl fähig, hieß es in dem psychiatrischen Gutachten, das österreichische Medien schon vor dem Prozess zitierten. Auch nach seiner Verhaftung zeigte er kein Schuldbewusstsein. Er habe seine Tochter „vom Drogenkonsum abhalten" wollen und seinen Kellerkindern doch ein gutes Leben geboten, ihnen beispielsweise manchmal Fotos von Kindern gezeigt, die in der Sonne spielten.

Die Grausamkeit des Mannes hat offensichtlich eine lange Vorgeschichte. Fritzl, der ohne Vater aufwuchs, schilderte der Gutachterin seine Kindheit bei einer unberechenbaren Mutter, die ihn schlug und demütigte. Aus früher Wehrlosigkeit und Wut sei später ein „rücksichtsloser Dominanzanspruch gegenüber Frauen" entstanden und der Wunsch, nie wieder in solch eine Situation zu geraten. Nicht nur ungestillte Rachegelüste gegenüber seiner Mutter sollen Fritzl geleitet haben, seine Tochter nach Gutdünken zu benutzen, sondern auch die fixe Idee, sie zu besitzen – der Wunsch nach einer „unstörbaren und unlösbaren Bindung".[32] Sein Sadismus wäre demnach auch ein pervertierter Ausdruck ungestillter Sehnsucht nach Nähe.

Der Begriff Psychopath gilt unter Medizinern inzwischen als veraltet. Neurologen und Psychologen sprechen allerdings immer noch von „psychopathischen Eigenschaften", wenn von einzelnen Teilen dieses Störungsbildes die Rede ist, beispielsweise von fehlender Reue oder Egozentrismus. Das gilt auch für einen Teil der Kinder und Jugendlichen, denen eine „Störung des Sozialverhaltens"[33] attestiert wurde oder die sich in allgemeinerem Sinn „dissozial" verhalten.

Wie aber hängen die verschiedenen Störungsbilder zusammen? Wird aus dem „sozial gestörten" Kind später ein antisozialer, vielleicht sogar psychopathischer Erwachsener? Zunächst: Hinter einer Störung des Sozialverhaltens bei Kindern können sich ganz unterschiedliche Probleme von unterschiedlicher Intensität verbergen. Schuleschwänzen beispielsweise gilt als Symptom, unruhiges, trotziges und aufsässiges Verhalten, das Weglaufen von zu Hause, aber auch Zündeln oder das Quälen von Menschen und Tieren. Kinderpsychiater sortieren also zahlreiche Verstöße gegen soziale Normen darunter, auch das Kind, das impulsiv ist und schnell ausrastet. Nur ein Teil jedoch wirkt kalt, grausam und berechnend, entschuldigt sich beispielsweise nicht.

Die wesentlich schwerere „dissoziale" oder „antisoziale Persönlichkeitsstörung" wird (entsprechend den Kriterien der ICD-10 der Weltgesundheitsorganisation) erst bei Erwachsenen diagnostiziert. Kriterien für diese Diagnose sind: Die Betroffenen sind sehr aggressiv, werden oft kriminell, zeigen sich oft verantwortungslos.

Es finden sich schon relativ früh Warnsignale, dass Kinder später eine solch gravierende Störung entwickeln können. Bei zwei Dritteln der Kinder, die vor dem zwölften Lebensjahr eine Störung des Sozialverhaltens attestiert bekamen, fanden Forscher zugleich mindestens drei Symptome einer antisozialen Persönlichkeitsstörung[34], beispielsweise Aggressivität. Ein literarisches Vorbild dafür ist „Friederich der Wüterich", der im „Struwwelpeter" verewigt wurde – ein Junge, der Fliegen die Flügel ausreißt, Katzen quält, Vögel tötet, Mädchen peitscht und dabei keinerlei Hemmungen kennt. Faustregel: Je früher ein Kind mit solchen Verhaltensweisen auffällt, desto schlechter sind seine Prognosen, später ein sozial angepasstes Leben zu führen. Es muss nicht bedeuten, dass es zum „sozialen Monster" wird. Aber es sind Warnzeichen.

Wie einschneidend frühe Erfahrungen wirken, zeigt sich alsbald auch im Gehirn: „Schon im Alter zwischen acht und 14 Jahren zeigen die Gehirne von dissozialen Kindern Veränderungen, die denen von erwachsenen Straftätern ähneln", sagt der Aachener Kinder- und Jugendpsychiater Timo D. Vloet, zu dessen Forschungsschwerpunkt dissoziales Verhalten von Kindern zählt. „Das Volumen ist im Bereich des Frontal- und Temporallappens, also hinter der Stirn und im Bereich der Schläfe, verringert." Mit anderen Worten: Die graue Gehirnsubstanz ist geschrumpft.

Dass sich unter Umständen noch mehr im Gehirn verändert, zeigt eine Studie von Jean Decety, Psychiater und Empathieforscher an der University of Chicago, an Jugendlichen, die durch Aggression, Diebstahl oder Zerstörungswut aufgefallen waren. Decety zeigte 16- bis 18-jährigen Probanden mitleiderregende Bilder, beispielsweise eine Videoszene, in dem einem Menschen absichtlich ein Finger eingeklemmt wird, währenddessen maß er ihre Gehirnaktivität mit Hilfe der funktionellen Kernspintomografie. Das Ergebnis: Statt der Regionen für Angstempfinden und Empathie wurden bei den Jugendlichen Hirnregionen aktiviert, die mit Belohnung verknüpft sind - sie empfanden Freude statt Mitleid.[35]

James R. Blair, Neurowissenschaftler am amerikanischen National Institute of Mental Health in Bethesda, Maryland, hat viele erwachsene Patienten mit einer antisozialen Persönlichkeitsstörung kennengelernt. Auch bei ihnen finden sich Störungen ihrer Gehirnaktivitäten. Sie sind nicht völlig empathielos, auch in ihrem Gehirn werden Strukturen, die mit kognitiver Empathie zu tun haben, aktiviert. Bereiche, die für emotionale Empathie zuständig sind, regen sich bei ihnen allerdings kaum. Die Betroffenen zeigen sich angesichts der Angst oder der Traurigkeit anderer eher unbeteiligt, können zudem Gefühle nur schlecht in den Gesichtern anderer erkennen.[36]

Die Ursache sieht Blair in einer Funktionsstörung der Amygdalae, der „Mandelkerne". Diese Strukturen, ebenfalls Teile des limbischen Systems, sind unter anderem für das Emotionsgedächtnis verantwortlich, also für die Assoziation von Informationen mit negativen Gefühlen und für das Angsterleben.

Dennoch, betont Blair, könnten sich Betroffene gut vorstellen, was einem Menschen fehlt, ohne es selbst zu spüren. Blair illustriert dies mit einem Beispiel: „Stellen Sie sich einen Smiley vor, dessen Mundwinkel nach unten zeigen. Sie wissen, das Gesicht schaut traurig, aber Sie selbst empfinden keine Traurigkeit. Vergleichen Sie das mit dem Bild eines guten Freundes, der leidet und weint. Diesmal fühlen Sie etwas."

Menschen mit gestörter Empathie sehen Gesichter anderer wie abstrakte Smileys, sie entnehmen ihnen eine Information, ohne davon persönlich betroffen zu sein. Das ist für Blair ein deutliches Zeichen, dass emotionale und kognitive Empathie in unterschiedlichen Bereichen des Gehirns verarbeitet wird.

Aus Kindern mit einer Störung des Sozialverhaltens können antisoziale Erwachsene werden, aus Erwachsenen mit einer antisozialen Persönlichkeitsstörung Erwachsene mit einer

Psychopathie. Doch nicht jede wandelnde „antisoziale" Zeitbombe ist auch ein „Psychopath" im medizinischen Sinne. Für diese schwerwiegende und durchaus stigmatisierende Diagnose braucht es „zusätzliche emotionale Auffälligkeiten", so der Kinderpsychiater Timo Vloet, beispielsweise Furchtlosigkeit, Egozentrismus und mangelnde Reue. Beinahe alle psychopathischen Menschen haben eine antisoziale Persönlichkeitsstörung, sagt Vloet. Umgekehrt gelte dies aber nur für einen Teil der „Antisozialen". Doch jenseits dieser klinischen und manchmal etwas abstrakten Abgrenzungen finden sich in der Gesellschaft viele Vorstufen für unsoziales Verhalten, das auf einen Mangel an Empathie zurückzuführen ist.

Nicht jeder Mensch, der „herzlos unbeteiligt" ist, landet schließlich hinter Gittern. Es gibt psychopathische Typen, die gesellschaftlich bestens integriert sind. Etwa ein bis drei Prozent der Gesamtbevölkerung zeigen psychopathische Eigenschaften, schätzt der kanadische Psychologe Robert Hare[37], der ein Diagnose-Instrument zum Erkennen von Psychopathie entwickelt hat. Auffällig oft seien solche Merkmale im aufstrebenden Management der Wirtschaft zu finden. Hare nennt sie die „Psychopathen unter uns" und versteht darunter Führungskräfte, die sich tyrannisch, ausbeuterisch, unkollegial und verantwortungslos zeigen, dies aber hinter oberflächlichem Charme und eloquentem Auftreten verbergen könnten. Doch warum werden solche „Menschenschinder" überhaupt eingestellt? Unternehmer und Personalchefs ließen sich vom ersten Eindruck blenden, sie deuteten „psychopathische Verhaltensweisen irrtümlich als Führungsqualitäten", schreiben Hare und sein Kollege Paul Babiak in ihrem Buch „Menschenschinder oder Manager".

Das lässt tief blicken. Dennoch sind solche Etiketten auch problematisch, weil sie den Eindruck erwecken, als infiltriere der „Böse" ein „gutes" Unternehmen. Durchsetzungsvermögen und eine gewisse Rücksichtslosigkeit sind aber in vielen Betrieben stillschweigend erwünscht, werden manchmal regelrecht benutzt, um Mitarbeiter aus dem Unternehmen zu mobben. Wird „Schmutzarbeit" nicht oft genug delegiert - vom Chef ans mittlere Management, dessen Rasiermesser an den Ellbogen noch schärfer sind? Ist der Konzernvorstand nur deshalb empathischer, weil er sich die Hände nicht schmutzig macht? Es stellt sich die Frage, ob es nicht auch solche Strukturen sind, die einzelne „Menschenschinder" erst möglich machen, weil sie eine weite Grauzone für menschliche Defekte bieten.

Empathie ist die Basis für gelebte Werte, auch in Firmen. Ist keine Empathie „von oben nach unten" vorhanden, erweisen sich wohlklingende Sätze über die gemeinsame Unternehmenskultur und gemeinsame Verpflichtung gegenüber den Kunden als hohl. Am schockierendsten wirkt herzloses Verhalten allerdings dort, wo eigentlich Mitgefühl besonders gefragt wäre. Am 18. Juni 2008 wurde die aus Jamaika stammende Köchin Esmin Green wegen Depressionen in das städtische Kings County Hospital in New York eingewiesen.[38] Dort saß sie fast 24 Stunden im Wartesaal, bis sie – wegen einer Lungenembolie – zusammenbrach. Doch selbst als sie auf dem Boden lag, kümmerten sich weder Angestellte der Klinik noch andere Patienten, die neben ihr saßen, um sie. Fast eine Stunde lang dauerte ihr Todeskampf. Als Esmin Green keinen Laut mehr von sich gab, berührte eine Schwester sie mit dem Fuß. Danach versuchten Mitarbeiter, die Patientenakte zu fälschen.

Nur dank einer Überwachungskamera kam der Skandal ans Licht, mehrere Klinikmitarbeiter wurden entlassen. Was sie bewog, die Patientin zu ignorieren, muss ein Gericht klären.

Gene oder Erziehung?

Das *eine* Empathie-Gen gibt es nach dem derzeitigen Stand der Forschung nicht. Dennoch - Gene beeinflussen die Persönlichkeit[39] und damit unsere Fähigkeit, Mitgefühl zu erleben und zu zeigen.

Um herauszufinden, welchen Anteil die Gene an Persönlichkeitseigenschaften haben, verwenden Wissenschaftler meist Zwillingsstudien, einer einfachen Logik folgend: Eineiige Zwillinge besitzen dasselbe Genmaterial. Die Umwelteinflüsse, die auf sie einwirken, unterscheiden sich. Selbst wenn sie gemeinsam aufwachsen, haben sie eigene Freunde oder Lehrer oder gehen unterschiedlichen Hobbys nach. Das heißt, wenn sich ihr Verhalten in einem bestimmten Bereich unterscheidet, kann das nicht an den Genen liegen. Zweieiige Zwillinge dagegen haben im Durchschnitt nur 50 Prozent gemeinsame Erbanlagen. Unterscheiden sich eineiige Zwillinge nun in einer Eigenschaft ebenso stark voneinander wie zweieiige Zwillinge, so sind für diesen Unterschied vor allem Umwelteinflüsse verantwortlich.

Im Jahr 2004 befragte eine Forschergruppe aus Wales 682 Zwillingspaare im Alter zwischen fünf und siebzehn Jahren über „abweichendes Verhalten", also beispielsweise Klauen, Lügen, Täuschen, Schlagen, Quälen, ebenso ihre

Eltern und Lehrer. Die Forscher wollten kriminelle und aggressive Tendenzen ausfindig machen. Beim Vergleich der Ergebnisse fanden sie einen klaren Erbfaktor.[40] Eine Studie mit südkoreanischen Zwillingen, die gezielt prosoziales Verhalten untersuchte, fand einen genetischen Einflussfaktor von 55 Prozent.[41] Diese Erblichkeitsrate bedeutet nicht, dass die Eigenschaft eines speziellen Menschen zur Hälfte auf die Gene und zur Hälfte auf die Umwelt zurückzuführen ist. Sie gibt lediglich einen Durchschnittswert an.

Dennoch sei dies ein recht hoher Wert, sagt Frank Spinath, Professor für differentielle Psychologie an der Universität des Saarlandes – vergleichbar mit der Erblichkeit von Intelligenz. Läge der Wert bei hundert Prozent, wäre das Schicksal des Menschen allein durch die Gene vorbestimmt. „Noch in den Siebzigerjahren wurden allein die Erziehungsfehler der Mütter verantwortlich gemacht, wenn bei Kindern Schizophrenie festgestellt wurde", sagt Spinath. Heute weiß man, dass ein hoher Erbfaktor zu dieser Krankheit beiträgt. „Solches Wissen entlastet Eltern und Erzieher und hilft ihnen, sich auf die Persönlichkeit einzulassen – kann aber keine vollständige Erklärung liefern."

Gene setzen dem Menschen lediglich ungefähre Grenzen: Wie groß er werden kann, wie weit sich seine intellektuellen Fähigkeiten entwickeln können oder wie empathisch er sein kann. Ob der Mensch bis an diese Grenzen vorstößt, hängt von ihm selbst ab, in großem Maße aber von den Bedingungen, denen er von klein auf ausgesetzt ist – in Elternhaus, Kindergarten, Schule und im Freundeskreis.

Wichtiger für Eltern ist eine andere Erkenntnis der Südkorea-Studie: Danach nimmt der Erbfaktor mit dem Alter zu. Mit anderen Worten: Je älter die Kinder werden, desto geringer wirken die Einflüsse der Umgebung und desto stärker die Gene. Was umgekehrt heißt: Wer Kinder im positiven Sinn beeinflussen will, sollte damit nicht erst in der Pubertät, sondern früh beginnen.[42]

Das ist die Lehre, die man aus den Ereignissen in der Stadt Lörrach gezogen hat: Ein „Arbeitskreis Kriminalprävention" machte in den Wochen danach Zivilcourage zum Thema, es gab Podiumsdiskussionen, Straßentheater und Vorträge. Schließlich hatten sich auf dem Rathausplatz nicht nur Jugendliche kaltherzig verhalten. Die meisten Gaffer waren Erwachsene, von denen viele die Lebensmüde auf dem Rathausdach filmten und fotografierten. „Darunter auch Mütter und Väter mit Kinderwagen", erinnert sich der Hausmeister.

3. „Anderthalb und schon beziehungsgestört"

Kevin trug das Flaumhaar kurz geschoren, dazu Fußball-hemd und Sonnenbrille, ganz der fußballbegeisterte Papa. Kevin ähnelte auch sonst in vielem seinem Vater. „Er war schon ein richtiger kleiner Rambo", erinnert sich Marina Schmidt lächelnd an den kleinen Jungen. Kevin war ein-einhalb Jahre alt, als er mit seiner Mutter in ihre Einrichtung kam. Wenn er etwas wollte, versuchte er es erst mit Charme und kokettem Augenrollen, bekam er es nicht, warf er sich auf den Boden und brüllte.

Kevin wurde von einer ständigen Unruhe getrieben, aber noch besorgniserregender fand Marina Schmidt, dass sich der Junge niemandem zugehörig fühlte. Er lebte mal bei den Eltern, dann bei den Großeltern, dann wieder im Heim.

Marina Schmidt ist Sozialpädagogin und arbeitet in der Kindernotaufnahme der Stadt Stuttgart, einem Haus, das Kinder in Extremsituationen aufnimmt, beispielsweise, weil sie zu verwahrlosen drohen, die Eltern krank oder gewalt-tätig sind. Schmidt kümmert sich um die Kleinsten und ihre Mütter. Die erfahrene Betreuerin hat schon viele Not lei-dende Kinder erlebt. Aber Kevin war ein besonderer Fall. Er galt mit anderthalb Jahren schon als „beziehungsgestört". Er habe zu keinem Menschen eine tiefere Bindung entwi-ckelt, sagt Schmidt, nicht mal zu seiner Mutter, Annette K.

Annette K. wohnt mit dem zweijährigen Kevin und dem neun Monate alten Baby Tino inzwischen in einer anderen Mutter-Kind-Einrichtung. Die Außenwände wurden vor vielen Jahren in einem schlammfarbenen Braun gestrichen, es regnet. Der Regen malt dunkle Kriechspuren auf den Putz. Ein leerer Kinderwagen steht vor dem Eingang. Annette K. sitzt auf dem Sofa des Wohnzimmers, das Haar hat sie zu einem Pferdeschwanz zusammengebunden, so straff, dass der Anblick fast wehtut. Sie redet hektisch. Die Muskeln um den Mund wirken angespannt. Zu ihren Füßen krabbelt Tino. Kevin ist im Kindergarten.

Seit drei Monaten lebt sie mit Kevin und Tino in dieser tristen Einrichtung, die sie „Knast mit Freigang" nennt. Nebenan lebt eine minderjährige Mutter mit ihrem Kind. Fernsehen dürfe sie erst abends, wenn die Kinder im Bett sind. Auch der kleine Tino scheint sich zu langweilen. Das Plastikspielzeug ignoriert er. Tino sucht den Blick seiner Mutter. Er strahlt sie an, er ist hartnäckig freundlich. Doch Annette K. schaut über ihn hinweg, sie ist in Gedanken ganz woanders – bei Alberto, ihrem Freund, dem Vater von Kevin und von Tino. Alberto sitze zu Hause in der gemeinsamen Wohnung, ganz allein, sagt sie traurig. „Er ist es doch gewohnt, dass die Kinder auf ihn zu rennen." Er dürfe zu Besuch kommen, aber er komme selten. „Ich seh' ihn fast gar nicht mehr." Annette K. beklagt den „Druck vom Jugendamt".

Sie steht unter Beobachtung. Das Sorgerecht für Kevin wurde ihr und ihrem Freund vor kurzem entzogen. Man werfe ihrem Freund Gewalttätigkeit vor und ihr, keine gute Mutter zu sein. Dabei würde sie doch „für meine Kinder über Leichen gehen", sagt sie entrüstet. Sie muss nun nachweisen, dass sie „erziehungsfähig" ist. In den nächsten Wochen wird sich entscheiden, wo Kevin künftig leben wird. Bei seinen Eltern oder in einer Pflegefamilie.

Annette K. findet das ungerecht. Es gebe doch viel

schlimmere Fälle als ihren Kevin. In der Nachbarschaft sei unter den Augen der Behörden ein Kind verhungert. „Unser Kühlschrank zu Hause ist voll, die Wohnung ist sauber, ich nehme keine Drogen, wir schlagen unsere Kinder nicht, sie werden jeden Tag gebadet."

Kevin, der nebenan in der Kita spielt, ist weder unterernährt noch verwahrlost. Annette K. achtet auf Sauberkeit und Hygiene. Sie versteht nicht, was diese Leute vom Jugendamt von ihr wollen. „Ohne die wäre es leichter." Ihr Kevin sei ein völlig normaler Junge, „halt ein bisschen wild und anstrengend", findet sie. „Manchmal schlägt er den Kopf auf den Boden, wenn er etwas will", oder er beiße sich selbst in den Arm. Während sie erzählt, wickelt sie ihr Baby. Tino strampelt, sie drückt ihm energisch die Cremedose auf die Brust, er greift danach. Nach dem Wickeln krabbelt er durchs Wohnzimmer, verschwindet im Schlafzimmer, eine Weile ist es still. Sie habe keine Bindung zu Kevin? „Was für ein Unsinn!", schimpft Annette K. „Wenn mich Kevin fünf Minuten nicht sieht, schreit er wie am Spieß."

Vor ein paar Tagen lief Kevin blau an, krampfte und war nicht mehr ansprechbar. Sie musste mit ihm ins Krankenhaus und Tino mitnehmen. Es war sehr stressig, sagt sie. „Keiner hat den Arsch bewegt und mich besucht." Und nun werfe man ihr auch noch vor, dass sie Kevin schlage, weil er blaue Flecken am ganzen Körper habe. Jeden Tag werde er genau untersucht. Sie ist empört. „Ich weiß hundertprozentig, ich tue ihm nichts!" Kevin stoße sich überall an und habe deshalb blaue Flecken. „Lieber schimpfe ich, als dass ich schlage", sagt sie. Schimpfen müsse sie oft. „Er grinst ja bloß, wenn ich etwas normal zu ihm sage. Dann brülle ich eben."

Annette K. ist 27 Jahre alt, hat nach der Mittleren Reife eine Handwerkerlehre gemacht. Mit 21 wurde sie das erste Mal Mutter, ein Mädchen, die Beziehung zum Vater des Kindes zerbrach schon nach kurzer Zeit. Ihr Vater machte das Jugendamt darauf aufmerksam, dass sie mit dem Kind überfordert sei und Hilfe brauche. Sie zog mit der Kleinen in ein Wohnheim für junge Mütter. Sie lernte Alberto kennen, ihre große Liebe, wie sie schwärmt. Alberto ist elf Jahre älter und jobbt hier und dort. Schon nach zwei Monaten ist sie von ihm schwanger. Sie ziehen zusammen, die Tochter gibt sie zu ihren Eltern.

Als Kevin zur Welt kommt, ist Alberto glücklich. Sein Sohn! Er zeigt ihn überall herum. Doch Kevin ist anstrengend, er schreit viel. Annette K. fühlt sich alleingelassen. Alberto arbeitet bis spät. Wenn er nach Hause kommt, duscht er, isst, schläft, geht wieder, redet kaum noch mit ihr. „Er hat sich um 180 Grad gedreht", sagt sie. Sie fühlt sich behandelt, „als wäre ich nichts wert". Sie kontrolliert sein Handy, findet Fotos einer Frau darauf, glaubt, dass er eine Affäre hat. Er will nicht darüber reden.

Er macht Kraftsport, nimmt Anabolika, die hätten ihn aggressiv gemacht. Er habe die Wohnung demoliert, sie geschlagen. „Aber nur ein- oder zweimal", betont sie, „da war Kevin noch ein Baby und lag in meinen Armen." Er kritisiert ihre Erziehung, er droht: „Wenn dir mein Sohn weggenommen wird, schlag ich dich tot!" Aber „das war doch nur ein dummer Spruch", entschuldigt Annette K., „das ist ihm halt so rausgerutscht."

Kevin, so sieht es Sozialpädagogin Marina Schmidt, ist der unsichtbare Dritte in dieser Beziehung. Er kann noch nicht sprechen, aber er sieht, hört, fühlt. „Sie stritten sich selbst dann, als der Kleine mit 40 Grad Fieber in seinem Bettchen lag", erinnert sie sich. „Beide zeigten in dieser Situation Null Empathie mit ihrem Kind." Ein paarmal sei der Streit so heftig geworden, dass Annette K. die Polizei rief.

Kevin kommt zu den Großeltern, wo schon seine ältere Schwester lebt. Auch dort findet er keinen Halt. Er schlägt nach der Großmutter, er tritt die Mutter, wenn sie zu Besuch kommt. Kevin sei eine Riesenaufgabe und eigentlich zu schwer für sie, gesteht Annette K. Marina Schmidt, zu der sie Vertrauen gefasst hat. Sie würde den Jungen in eine Pflegefamilie geben, aber Alberto sei kategorisch dagegen. Läuft es mit Alberto gut, läuft es auch mit Kevin gut. Läuft es mit Alberto schlecht, bekommt dies auch Kevin zu spüren, dieser „Teufelsbraten", wie sie ihn schon mal nennt. Manchmal, wenn sie Stress mit dem Freund hat und der Kleine sie als „Scheiß- Mama" beschimpft, dann – so hat sie Marina Schmidt einmal gestanden – „könnte ich den Kevin erschlagen."

Sie wird zum dritten Mal schwanger. Als Tino geboren wird, sucht sie mit dem Neugeborenen Unterschlupf in der Notaufnahme von Marina Schmidt, freiwillig. Sie will dort ein paar Tage „zur Ruhe kommen". Mit dem kleinen Tino soll alles anders werden. Sie geht liebevoll mit dem Neugeborenen um. Bald steht auch die „Rückführung" von Kevin zu seiner Mutter an. „Ich muss erst Bindung lernen", sagt Annette K. zuversichtlich.

In dieser Zeit kommt Kevin einmal mit den Großeltern zu Besuch, die Erwachsenen trinken Kaffee, Marina Schmidt ist auch dabei. „Als er Hunger hatte, lief er zu mir, obwohl er mich gar nicht kannte. Zu seiner Mutter lief er fast versehentlich, er trat sie und grinste sie dann unsicher an." Mutter und Kind sollen sich in der Einrichtung wieder näher-kommen. Doch dann gibt es Schwierigkeiten mit Alberto. Er versucht, einer Mitarbeiterin in der Kindernotaufnahme sei-nen Sohn zu entreißen, bekommt Hausverbot. Dann holt er Kevin ohne Absprache in der Kita ab und nimmt ihn zu sich nach Hause. Annette K. irrt ziellos durch die Stadt, erst nach zwei Stunden ruft sie weinend ihre Betreuerin an und bittet um Hilfe. Alberto habe sich in der Wohnung verschanzt. Er wolle Geld von ihr, „sonst gibt er mir mein Kind nicht wie-der", erklärt sie. Marina Schmidt alarmiert die Polizei, die bringt Kevin zurück, er kommt in die Obhut der Kindernot-aufnahme. Für die Betreuerin ist es ein klarer Fall von Er-pressung, für Annette K. eine Kurzschlussreaktion ihres Freundes, der sein Kind sehen wollte. Das mit der Erpres-sung habe sie erfunden, „das stimmte nicht", korrigiert sich Annette K. heute. Danach wird nicht nur Alberto, sondern auch ihr das Sorgerecht für Kevin vorläufig entzogen. Das Jugendamt ist der Meinung, sie sei nicht fähig, ihr Kind vor dem gewalttätigen Vater zu schützen.

„Ich weiß, mein Freund ist das Problem", sagt Annette K. Aber nur für die Behörden. Alberto habe sich in den letz-ten Monaten gebessert. Keine anderen Frauen mehr, keine Anabolika, kein Streit. „Er liebt mich. Und er würde alles für seine Kinder machen! Ein Kind braucht doch auch sei-nen Vater." Mit einer Familienhelferin an ihrer Seite würde alles gut gehen, versichert sie. Und mit Alberto.

Tino hat es endlich auf den Schoß seiner Mutter ge-schafft. Er lässt den Blick nicht von ihr, er berührt vorsich-tig ihren Ohrring. Sie seufzt und schaut in die Ferne. „Ich will nach Hause", sagt sie, „und ein ganz normales Leben mit meinen Kindern führen."

Die Entwicklung der Empathie in der Kindheit:
Sichere und unsichere Bindung

Eine unsichere Bindung an Mutter oder Vater in den ersten Jahren spielt eine Schlüsselrolle, wenn Kinder später wenig Mitgefühl zeigen. Einen deutlichen Hinweis liefert das „Spiegel-Experiment" von Doris Bischof-Köhler: Sie prüfte, welche Ein- bis Zweijährigen sich im Spiegel erkannten (Beschreibung des Experiments auf S. 67f). Unsicher gebundene Kleinkinder reagierten oft nicht mitfühlend, sondern gefühlsangesteckt oder unbeteiligt, auch dann, wenn sie schon das notwendige Ich-Bewusstsein hatten, also sich selbst im Spiegel erkennen konnten.[43]

Die Entwicklungspsychologin Gabriele Gloger-Tippelt definiert Bindung als das „biologisch begründete, überdauernde emotionale Band zwischen Kind und Bezugsperson".[44] Sie unterscheidet zwischen einer „sicheren" und mehreren Formen unsicherer Bindung:

vermeidend: die Bezugsperson reagiert ablehnend, das Kind fühlt sich nicht liebenswert, unterdrückt seine Gefühle, was zu sozialem Rückzug und Selbstabwertung führen kann;

ambivalent: die Bezugsperson ist unberechenbar, das Kind reagiert hilflos oder ärgerlich und zeigt eine starke, dem Alter nicht angemessene Abhängigkeit;

hoch unsicher: die Bezugsperson ist unreif oder misshandelt das Kind, das Kind erfährt den Erwachsenen als widersprüchlich, es übernimmt die Rolle des Erwachsenen oder reagiert häufig sehr aggressiv.

Das emotionale Band zwischen dem Kind und seinen Eltern ist vergleichbar mit dem Sicherungsseil eines Kletterers. Wer an einem Übungsfelsen seine ersten Kletterversuche macht, wird ohne diese Hilfe eines anderen Menschen kaum auskommen. Im Notfall kann man sich fallen lassen, aber allein schon das Wissen, dass es ein Seil gibt, das einen auffängt, wirkt beruhigend und stabilisierend. Wer sich auf diese Weise gut gesichert fühlt, weiß, dass er Spielraum bekommt, um seine Umgebung zu erkunden – nicht zu viel und nicht zu wenig. Er wird weder gegängelt noch fallen gelassen. Dies verlangt genaue Beobachtung und „Feinfühligkeit".

Die Qualität einer Bindung lässt sich daran messen, „wie weit man sie nutzen kann, wenn eine Gefahr besteht", erklärt Gloger-Tippelt. Ein Kind, das keinen verlässlichen Erwachsenen hat, der auf seine Signale hört, wird ängstlich verharren, sich nichts zutrauen oder sich zu weit hinauswagen. Es muss sehr viel Energie darauf verwenden, immer wieder zu überprüfen, wie seine Bezugsperson zu ihm steht. Es weiß nicht, wie es die widersprüchlichen Signale der Bezugsperson „lesen" soll. Es fehlt ihm also Verlässlichkeit. Nur wer immer wieder erfährt, dass er auch mit seiner Angst, seiner Wut und Frustration angenommen wird, entwickelt Vertrauen in die eigenen Gefühle und in die Standfestigkeit der Bezugsperson.

Die sichere Bindung zu Mutter und Vater ist die Basis für jede weitere Bindung im Leben. Wer sicher gebunden aufwächst, hat in der Regel später mehr soziale Kompetenz. Eine stabile Bindung wirkt somit wie eine Impfung gegen spätere soziale Auffälligkeiten.

Die verheerenden Auswirkungen von frühen Bindungsstörungen auf die Empathie hatte schon der britische Arzt und Psychiater John Bowlby[45] untersucht. Er fand unter 44 jungen Dieben, die zu Hause Gewalt erlebt hatten und früh von ihren Müttern getrennt worden waren, besonders viele Kinder, die gefühllos schienen und keine Schuldgefühle hatten, wenn sie andere bestahlen oder belogen. Sie waren früh durch Unsicherheit, Misshandlung und Vernachlässigung geprägt worden.

Solch schlimme Erfahrungen vergleichen die Ulmer Bindungsforscher Ute Ziegenhain und Kollegen[46] mit einer „destruktiven Entgleisung einer Bindungsbeziehung". Die Folgen wurden auch in anderen Studien beschrieben: Diese Kinder reagierten anderen Kindern gegenüber feindselig und rücksichtslos. „Offenbar fehlte ihnen die Fähigkeit, sich in andere einzufühlen bzw. ihre Perspektive einzunehmen und nachzuempfinden", so die Forscherin. Es gibt also einen deutlichen Zusammenhang zwischen einer unsicheren Bindung und dem späteren Mangel an Empathie.

Jahrhundertelang herrschte indes die Auffassung vor, dass Kinder in den ersten sechs Jahren kaum fähig seien, Mitgefühl und Hilfsbereitschaft zu entwickeln. Noch in den Achtzigerjahren gingen Entwicklungspsychologen wie der US-Amerikaner Lawrence Kohlberg und der Schweizer Jean Piaget davon aus, dass sich nur sozial verhält, wer die komplexen Moralvorstellungen einer Gesellschaft beherrscht.[47] Dafür jedoch müssten sich erst höhere Hirnzentren entwickeln, die zur Perspektivübernahme und zum Lernen abstrakter Regeln befähigen.[48]

Heute weiß man, dass diese Hirnreife nicht nötig ist, um uneigennützige Entscheidungen zu treffen. Die einfachste Stufe der Empathie, das Mitschwingen durch die Spiegelneuronen, ist schon von Geburt an angelegt. Wie bei den meisten Entwicklungsprozessen, die in der Kindheit beginnen, gilt auch für mitfühlendes Verhalten: In frühen Jahren hinterlassen äußere Einflüsse die stärksten Spuren. Je älter ein Mensch wird, desto gefestigter ist seine grundsätzliche Einstellung, seine Hilfsbereitschaft und Sorge für andere – oder eben sein Desinteresse. Dennoch ist nachgewiesen, dass sich unsere Empathiefähigkeit bis ins Erwachsenenalter verändert.[49] Voraussetzung ist allerdings wie bei allen Fähigkeiten des Gehirns, dass sie von Anbeginn geweckt und eingeübt wird, sonst droht sie zu verkümmern. Das „Einfühlen können" ist auch bei älteren Kindern nicht unmöglich, muss aber mühsam über Regeln erlernt werden.[50]

Das Schichtenmodell der Empathie (s. Grafik S. 39) kann zugleich als Stufenmodell seiner Entstehung gesehen werden. Zuerst besitzen wir die Fähigkeit, Gefühle anderer wahrzunehmen:

Schon am Tag ihrer Geburt lassen sich Neugeborene vom Weinen anderer Babys anstecken. Sie kennen noch keinen Unterschied zwischen eigenen und fremden Emotionen. Sie tauchen ein in das Gefühl, das sie umgibt und wollen selbst getröstet werden. Ihre Fähigkeit zur Kommunikation ist enorm. Nach kurzer Zeit beginnen sie, den Gesichtsausdruck von Mutter, Vater und Geschwistern nachzuahmen. Sie strecken die Zunge heraus, spitzen die Lippen und öffnen den Mund, wenn man es ihnen so vormacht, dass sie es gut erkennen können. Im Alter von etwa zehn Wochen imitieren sie bereits den fröhlichen oder wütenden Gesichtsaudruck ihrer Mutter. Anfangs ahmen sie nur ganz enge Bezugspersonen nach, später erweitert sich der Kreis.[51]

Schon in der Mitte des zweiten Lebensjahres entwickeln

Kinder ein erstes Ich-Bewusstsein. Es ermöglicht ihnen, zwischen „Ich" und „Du" zu unterscheiden, zwischen sich und anderen. Diese Abgrenzungsfähigkeit ist eine wichtige Voraussetzung dafür, dass Kinder sich nicht nur von einem Gefühl anstecken lassen. Sie können bereits Gefühlsäußerungen des anderen als Information über seinen Zustand betrachten – und sich ihm fürsorglich zuwenden, statt nur auf das eigene Gefühl zu reagieren.[52]

Der amerikanische Psychologe William James, der vor über hundert Jahren über das Bewusstsein forschte, unterschied zwischen zwei Formen des „Ich": dem „I" als dem wahrnehmenden, sich bewegenden, leidenden oder lustvoll erlebenden Zentrum der Wahrnehmung, also dem Subjekt auf der einen Seite – und dem „me", das sich selbst reflektiert, sich selbst zum Gegenstand seiner Überlegungen, zum Objekt, machen kann. Nur durch eine bewusste Existenz des „me" können Kinder sich und andere als prinzipiell gleichartig, als derselben Kategorie zugehörig betrachten.[53]

Die Unterscheidungsfähigkeit zwischen Ich und Du ist für die Empathieentwicklung besonders wichtig. Das Bewusstsein vom „Ich" ist Voraussetzung für die Unterscheidung zwischen sich selbst und anderen Personen. Es ermöglicht Kindern zu verstehen, dass wahrgenommenes Leid sie nicht automatisch selbst betrifft, sondern jemand anderen. Damit ist Ich-Bewusstsein die erste Voraussetzung für eine Weiterentwicklung der Empathie – vom angeborenen Mitschwingen zur fürsorglichen Hinwendung.[54]

Eine Zweijährige streckt der weinenden Freundin spontan die aufgeweichte Eistüte hin, um sie nach einem Sturz aufzumuntern. Ein mitfühlender Blick, ein Streicheln, ein auffordernd hingehaltenes Spielzeug – schon ganz kleine Kinder halten inne und vermögen anderen Trost zu spenden. Das ist bei manchen schon kurz nach dem ersten Geburtstag zu beobachten, stellten die amerikanischen Entwicklungspsychologinnen Marian Radke-Yarrow und Carolyn Zahn-Waxler in einer Längsschnittstudie fest. Bis zum Ende des zweiten Lebensjahres reagierten fast alle Kinder fürsorglich auf das Leid anderer. Mit zunehmendem Alter wurden die Hilfeversuche kreativer und abwechslungsreicher.[55]

Schon früh lassen sich bei Kindern allerdings auch Unterschiede im Grad der Hilfsbereitschaft feststellen. Die Gründe versuchte eine Psychologieprofessorin aus München herauszufinden.

Empathie bei Kleinkindern:
Das Teddy- und das Löffel-Experiment

Doris Bischof-Köhler, Psychologie-Professorin an der Ludwig-Maximilians-Universität in München, testete die Hilfsbereitschaft von 126 Kindern im Alter von 15 bis 24 Monaten. Eine Frau, die den Kindern bekannt war, brachte entweder einen Teddybären zum Spielen mit oder setzte sich zum Essen zu den Kindern an den Tisch. Nach einiger Zeit fiel dem Teddy, den die Frau in der Hand hatte, „versehentlich" beim Spielen ein Arm ab. Ein andermal zerbrach ihr während des Essens der Löffel. In beiden Fällen tat die Frau so, als wäre sie darüber sehr traurig. Die Kinder reagierten ganz unterschiedlich:

44 Kinder weinten und wollten zu ihrer Mutter, die in der Nähe geblieben war oder sie unterbrachen irritiert das Spiel bzw. das Essen und beobachteten, was ihr Gegenüber tat, griffen aber nicht ein. Sie schienen die Situation nicht ganz zu verstehen und nicht zu wissen, wie sie reagieren sollten. Doris Bischof-Köhler nennt sie die „Gefühlsangesteckten", es seien „Kinder im Übergangsstadium zur Empathie".

44 Kinder reagierten empathisch. Sie wollten helfen, indem sie versuchten, den Teddy zu reparieren oder indem sie der Frau einen anderen Löffel als Ersatz anboten.

38 Kinder hingegen spielten nach kurzem Erschrecken unbeirrt weiter. Bischof-Köhler nennt sie die „Unbeteiligten".[56]

Um herauszufinden, ob das Ich-Bewusstsein für die Empathie tatsächlich eine so entscheidende Rolle spielt, wie theoretisch angenommen, testete Doris Bischof-Köhler auch das Ich-Bewusstsein der Kinder. Das wiederum lässt sich daran erkennen, ob die Kinder in der Lage sind, sich selbst im Spiegel zu erkennen – eine Fähigkeit, die etwa mit 18 Monaten einsetzt.[57]

Sie prüfte, welche der Ein- bis Zweijährigen sich im Spiegel erkannten, und fand dabei drei Stadien: 30 der untersuchten Kinder reagierten auf ihr Spiegelbild, als wäre es ein anderes Kind ("Nicht-Erkenner"). 40 Kinder schauten nur flüchtig oder gar nicht in den Spiegel („Übergänger"). 56 Kinder turnten vor dem Spiegel herum und zogen Grimassen („Erkenner").

Die Psychologin stellte fest, dass sich diese drei Stufen stark mit den zuvor untersuchten Empathiestufen der Kinder deckten: Die, die sich im Spiegel erkennen konnten, reagierten überwiegend hilfsbereit, die „Übergänger" meist verwirrt oder „angesteckt", und die „Nicht-Erkenner" verhielten sich vorwiegend unbeteiligt. Obwohl sie also auf den ersten Blick nichts miteinander zu tun zu haben scheinen, hängen Empathie und die Fähigkeit, sich im Spiegel zu erkennen, sehr eng zusammen, weil für beide das Ich-Bewusstsein entscheidend ist. „Ein Kind, das sich selbst im Spiegel erkennt, hat eine Vorstellung vom eigenen Selbst und ist in der Lage, andere als prinzipiell gleichartig mit sich selbst wahrzunehmen", erklärt Doris Bischof-Köhler. Nur wer zu dieser Unterscheidung fähig ist, kann sich wiederum mit dem anderen identifizieren und Mitleid empfinden, wenn er leidet.

Von zentraler Bedeutung ist dabei aber, ob sich ein Kind „sicher gebunden" fühlt, an seine Eltern oder eine andere nahe Bezugsperson. Kevin beispielsweise tat dies nicht, das konnte die Sozialpädagogin Marina Schmidt bei einem Treffen mit seiner Mutter und seiner Großmutter deutlich beobachten.

Kinder, die von ihren Eltern dafür bestraft werden, dass sie weinen oder Angst zeigen, gewöhnen sich daran, ihre Gefühle zu verbergen. Außerdem reagieren sie innerlich gestresster als andere Kinder, wenn sie das Leid des Nächsten sehen – weil sie Gefühlsäußerungen mit Strafe assoziieren. Sie sind dann nicht in der Lage zu helfen oder mitfühlend zu reagieren, obwohl sie durchaus empathisch sind.[58]

Hinzu kommt schließlich: Das Ich-Bewusstsein ermöglicht zwar fürsorgliches Verhalten, aber das bedeutet nicht, dass Kinder mit einem ausgeprägten Ich-Bewusstsein automatisch lieb und freundlich sind. Im Gegenteil – viele dieser Kinder zeigen manchmal scheinbar ohne Anlass offene Aggression. Auch das scheint Teil der Grenzziehung zwischen Ich und Du zu sein: auszuprobieren, wie sich das eigene Verhalten auf den anderen auswirkt.[59]

Obwohl Kinder im zweiten Lebensjahr zum Teil schon gut zwischen eigenen und fremden Emotionen unterscheiden und spontane Hilfsbereitschaft zeigen, fehlt ihnen noch die Möglichkeit, die Perspektive eines anderen Menschen einzunehmen. Als Hilfe bieten sie deshalb nur das an, was ihnen selbst gefallen würde, zum Beispiel das Spielzeug, das sie gerade in ihren Händen halten.[60]

Haben Kinder erst einmal entdeckt, dass sie anderen Menschen Gutes tun und ihnen helfen können, probieren sie das in der Regel immer häufiger aus. Je älter die Kinder sind, desto mehr Besorgnis zeigen sie und desto häufiger versuchen sie zu helfen. Entsprechend seltener kommen gleichgültige Reaktionen vor.[61]

In dieser Phase lernen Kinder, negative Gefühle wie Angst und Ärger zu kontrollieren, damit sie nicht überhand nehmen. Gefühlsansteckung, auch wenn die höheren Stufen der Empathie erreicht sind, wird immer ein Teil der Reaktion bleiben. Werden die Kinder zu stark von Emotionen überwältigt, schaffen sie es nicht, trotz entwickeltem Ich-Bewusstsein, sich mitfühlend um den anderen zu kümmern. Stattdessen werden sie mit sich selbst und ihrem Stress beschäftigt sein.

In den nächsten Jahren entwickelt sich nicht nur das Ich-Bewusstsein des Kindes weiter, es lernt auch, seine Gefühle zu regulieren – also beispielsweise den Frust auszuhalten, die Süßigkeit nicht sofort zu bekommen, sondern erst nach dem Mittagessen. Emotionen sind in diesen Jahren der Motor unseres Verhaltens, erst nach und nach spielen rationale Überlegungen eine Rolle. Haben sich beide Fähigkeiten – das Ich-Bewusstsein und das Vermögen zur Selbstberuhigung – weit genug entwickelt, ist es Zeit für die nächste Stufe der Empathiefähigkeit: die Perspektivübernahme. Schon etwa in dem Alter, wenn Kinder das Laufen erlernen, können sie am Gesichtsausdruck eines Menschen ablesen, wie es ihm geht, und daraus erste Schlüsse über die Ursachen ziehen.

Die Perspektivübernahme geschieht allerdings nicht automatisch, sondern wird erlernt, besonders am Modell der Erwachsenen. Gute Erfolge erzielt dabei beispielsweise das sogenannte „BASE-Babywatching"[62], das der Münchner Kinder- und Jugendpsychiater Karl Heinz Brisch aus den USA übernommen und fortentwickelt hat. BASE ist die Abkürzung für „Baby-Beobachtung im Kindergarten gegen Aggression und Angst zur Förderung von Sensitivität und Empathie". Das Konzept: Eine Mutter besucht ein Jahr lang mit ihrem Säugling wöchentlich eine halbe Stunde den Kindergarten. Sie stillt und wickelt ihr Baby, während die Kindergartenkinder im Stuhlkreis zuschauen und sich, angeleitet von einer speziell dafür ausgebildeten Erzieherin, Gedanken über die Gefühle und Handlungsabsichten von Mutter und Kind machen und diese auch beschreiben. Die Kinder seien nach Ablauf des Jahres „weniger überaktiv, weniger aggressiv, weniger ängstlich, weniger oppositionell und insgesamt sozialer", hat Bindungsforscher Brisch festgestellt. „Auch wilde Kerle waren ganz fasziniert", beobachtete Psychologe Georg Rammer vom Psychosozialen Dienst in

Karlsruhe, der das Programm an drei Kindergärten in Karlsruhe erproben ließ. „Sie waren danach nicht nur ruhiger, sondern auch einfühlsamer untereinander." Die Kinder, erklärt Karl Heinz Brisch, übertragen im Lauf der Zeit die erlernte Empathie auf ihre Spielkameraden.

Empathie und Perspektivübernahme – also der kognitive Teil der Empathie – sind nicht nur theoretisch miteinander verknüpft: Studien mit Kindern im zweiten, fünften und sechsten Lebensjahr zeigten, dass diejenigen, die sich auf rationaler Ebene besser in die Lage eines anderen Menschen hineinversetzen können, sich eindeutig häufiger mitfühlend verhalten als Kinder, die diese kognitive Fähigkeit noch nicht beherrschen.[63]

Um zu testen ob Kinder zur Perspektivübernahme in der Lage sind, verwenden Psychologen meist den „False-Belief-Test" – oder eine Variante davon.

Der False-Belief-Test: „Maxi und die Schokolade"

Die vier- bis sechsjährigen Kinder hören folgende Geschichte:

„Maxi hat eine Tafel Schokolade und verstaut sie im blauen Schrank. Maxi verlässt den Raum. Nun kommt seine Mutter herein, nimmt die Schokolade aus dem blauen Schrank und legt sie in den grünen Schrank. Maxi kommt zurück, um sich seine Schokolade zu holen. In welchem Schrank sieht er nach?"

Einige Vierjährige, die meisten Fünfjährigen und fast alle Sechsjährigen antworten richtig, dass Maxi im blauen Schrank nachsieht, und können dem Versuchsleiter das Szenario erklären.[64]

Doris Bischof-Köhler hat Kinder mit ähnlichen Situationen konfrontiert. In ihrem Experiment konnte sogar die Hälfte der Vierjährigen die Aufgabe richtig lösen. Das zeigt, wie früh Kinder schon in der Lage sind, ihr Wissen mit dem Wissen eines anderen Kindes abzugleichen – eine beeindruckende intellektuelle Leistung. Der Versuch zeigt aber auch, dass es große Unterschiede in der Reife von Vorschulkindern gibt. „Manche schaffen diese Aufgabe erst viel später", so Bischof-Köhler, „andere schon mit drei Jahren."

Kinder, die die Perspektivübernahme beherrschen, können sich in Maxi hineinversetzen. Perspektivübernahme heißt, dass jemand das Problem eines anderen nicht nur erkennen, sondern auch aus dessen Warte betrachten kann. Das Kind entwickelt eine Vorstellung davon, was in dem anderen Menschen vorgehen könnte: Die „Theory of Mind" entsteht – die kognitive Empathie entwickelt sich. Wenn es in der Möglichkeit des Kindes liegt, wird es Notleidenden nun nicht mehr irgendwie helfen, sondern es wird sich überlegen, was sie brauchen, und ihnen möglichst angemessene Hilfe anbieten – es wird zum Beispiel einem weinenden Spielkameraden auf dem Spielplatz nicht sein eigenes, sondern dessen Lieblingsspielzeug bringen.[65]

Beide Bestandteile der Empathie, der emotionale und der kognitive, entwickeln sich in engem Wechselspiel. Bei Vorschulkindern ist zu beobachten, dass diejenigen, die gut in der Lage sind, ihre eigenen Gefühle und die Emotionen anderer zu unterscheiden, auch häufiger anderen Kindern beistehen.[66]

Zwischen dem siebten und 14. Lebensjahr wächst die Fähigkeit weiter, komplexe Zusammenhänge geistig zu verarbeiten. Kinder lernen, auch dann mitzufühlen, wenn sie vom Problem einer anderen Person nur hören oder lesen, sie brauchen keine unmittelbare Anschauung mehr. Mit etwa acht, neun Jahren können Kinder schon verstehen, dass dieselbe Ursache bei einem Menschen zu widersprüchlichen emotionalen Reaktionen führen kann. „Er freute sich über das Geschenk, auch wenn er traurig darüber war, dass es nicht das war, was er haben wollte."[67]

Zusammengefasst: Es gibt zwei wichtige Zeitfenster in der Empathieentwicklung. Die Tendenz zu helfen, zeigt sich etwa ab anderthalb Jahren, die Fähigkeit überdies einzuschätzen, was der andere konkret braucht, zeigt sich im Alter von etwa vier Jahren. Allerdings sind dies lediglich grobe Anhaltspunkte. Verzögerungen müssen kein Defizit bedeuten. Selbst wenn ein Kind fürsorglich ist, gilt das nicht automatisch in jeder Situation und für jede Person. „Die momentanen Umstände sind wichtig", sagt Nancy Eisenberg. „Ist das Kind gerade in ein Spiel vertieft, hat es schlechte Laune oder kennt die Person nicht, muss es kein Warnzeichen sein, wenn es nicht auf die Nöte eines Erwachsenen reagiert." Vielleicht ist es schlicht zu schüchtern oder glaubt, der Erwachsene brauche keine Hilfe, weil Erwachsene stark sind.

Auch Erwachsene verhalten sich schließlich nicht in allen Situationen gleichermaßen empathisch. Unsere Bereitschaft zum Mitgefühl und zum Helfen hängt von vielen Faktoren ab: Davon, wie sympathisch uns ein Mensch ist, ob er uns nahe steht, wie ähnlich er uns ist – ob er beispielsweise gleich alt ist. Gleichaltrige, so hat Shepherd Zeldin von der Universität Wisconsin-Madison herausgefunden, helfen sich eher. Auch der Vertrautheitsgrad erhöht die Bereitschaft, sich einzusetzen.[68]

Auch in der grundsätzlichen Empathiebereitschaft sind große Unterschiede feststellbar. Die ersten Anzeichen dafür erscheinen recht früh.

Die Psychologinnen Marian Radke-Yarrow und Carolyn Zahn-Waxler konnten in ihrer Längsschnittstudie zeigen, dass Kleinkinder, die sich in den ersten Lebensjahren mitfühlend verhielten, dies auch noch fünf Jahre später taten. Zu Beginn des zweiten Lebensjahres versuchten sie schon, ihre Eltern durch Streicheln, Worte oder Angebote aufzumuntern und zu trösten, wenn sie traurig wirkten und intensivierten dies in den nächsten Monaten.[69]

Nancy Eisenberg begleitete ihre Probanden in einer Langzeitstudie über einen Zeitraum von 25 Jahren. Sie wurden erstmals im Alter von vier, fünf Jahren in der Vorschule beobachtet, ob sie einander spontan halfen oder ihren Besitz mit anderen teilten. Später wurden sie alle zwei Jahre in ihrer sozialen Einstellung getestet, als sie älter wurden, befragte Eisenberg zusätzlich die Mütter, später auch ihre Freunde. So trug Eisenbergs Team eine Fülle von Informationen zusammen, die Rückschlüsse auf individuelle Unterschiede in der Entwicklung zuließen.[70]

Messung von Empathie im Grundschulalter

Um Empathie zu messen, filmten Nancy Eisenberg und ihre Kollegen beispielsweise die Gesichtsreaktionen von Zweit- bis Fünfklässlern, während sie ihnen Dias zeigten, die Menschen in angenehmen oder unangenehmen Situationen darstellten – zum Beispiel das Bild eines lächelnden Mädchens vor einem Baum oder das eines weinenden Kindes vor einem Kriegsszenario. Danach fragten die Forscher die Schüler, wie es ihnen ging. Die Kinder, die sowohl mimisch als auch nach eigener Einschätzung stärker auf die Bilder reagierten, waren nach Aussage ihrer Eltern und Lehrer im Alltag weniger problematisch, zettelten seltener Streit an, konnten Mitschüler trösten und genossen bei ihnen größere Beliebtheit.[71]

Eisenberg zufolge lässt es sich schon im Alter von etwa vier bis fünf Jahren absehen, welches Kind sich als Erwachsener fürsorglich um seine Mitmenschen kümmern wird und wen die Gefühle anderer später eher kalt lassen werden. Fünfjährige, die ihren Altersgenossen spontan und ohne Aufforderung etwas von ihren Süßigkeiten abgaben, neigten als junge Erwachsene eher dazu, Geld zu spenden und sich um andere zu sorgen.[72]

Das Team konnte auch wissenschaftlich belegen, was zum allgemeinen Erfahrungsschatz gehört: dass Empathie und mitfühlendes Verhalten einhergehen mit geringer Aggressivität. Je sozialer sich Sechs- bis Achtjährige verhielten, desto seltener wurden sie ihren Spielkameraden gegenüber gewalttätig. Auch bei den Folgebefragungen – zwei, vier und sechs Jahre später – neigten dieselben Kinder weniger zu Aggressionen oder dazu, zu stehlen. Bei Jungen ist der Zusammenhang zwischen mangelnder Empathie und vermehrter Aggressivität besonders hoch.[73]

Ein mitfühlendes Kind ist weniger aggressiv, ein aggressives Kind ist weniger mitfühlend – dieser Zusammenhang festigt sich etwa ab dem Vorschulalter. Doch warum ist dies so?

Bis dahin haben Kinder den Zusammenhang zwischen der eigenen Handlung – zum Beispiel jemanden zu schlagen oder zu beleidigen – und der Reaktion des Spielkameraden gelernt.

Zu aggressiven Verhaltensweisen kommt es immer dann, wenn die Motivation dazu höher ist als die Hemmung. Empathie gilt als hemmender Faktor, so wie Normen, Werte oder Angst vor Strafe. Je mehr jemand zum Mitgefühl in der Lage ist, desto größer ist seine Hemmung, anderen Schaden zuzufügen. Ein Teil der Empathie ist ja das Mit-Schwingen, das Mit-Leiden. Empathie erzeugt negative Gefühle und damit eine Art Selbstbestrafung. Sie ist deshalb ein wirksames Schutzschild gegen die eigene Aggression.

Fehlt diese „Beißhemmung" durch Mit-Leiden, fällt es dem Kind schwerer zu verstehen, warum es anderen nicht wehtun soll. Durch gezieltes Empathietraining kann die Aggressivität von Kindern und Jugendlichen verringert werden, wie Studien aus Finnland, China, und den USA zeigen.[74]

Als wirksam gilt beispielsweise auch das deutsche Programm „Faustlos", das die emotionalen und sozialen Kompetenzen von Kindern im Kindergarten und in der Schule fördern soll (s. auch S. 167ff). Bei 64 Kindergartenkindern im Alter zwischen viereinhalb und sechs Jahren ging das gegenseitige Beschimpfen und Beleidigen nach einem knappen Jahr deutlich zurück. Bei den 60 Kindern einer Vergleichsgruppe, die kein solches Training bekamen, blieb das Ausmaß der verbalen Aggression unverändert. Insbesondere Jungen und aggressivere Kinder profitierten von dem Programm, das zeigte sich auch bei Schulkindern.[75]

Wenn Kinder auf starke, einfache Emotionen anderer – Empörung, Wut, Schmerz, Trauer, aber auch Freude – verständnislos oder sogar spöttisch reagieren, ist das mehr als nur ein lästiger Charaktermangel, sondern zugleich ein Anzeichen dafür, dass das Kind insgeheim leidet. Es hat sich mit seinem Verhalten möglicherweise einen Schutzmechanismus zugelegt. Es gilt deshalb, nach den Ursachen zu forschen, die diesen Mechanismus ausgelöst haben. Geschieht dies nicht, wird die scheinbare Unempfindlichkeit zur Hypothek auf die Zukunft: Rücksichtsloses Verhalten stört andere Kinder, sie ziehen sich zurück oder geben negative Rückmeldung, wodurch das Kind in seinem Verhalten noch bestärkt wird. Ein Teufelskreis beginnt.[76]

Empathiemangel und Hyperaktivität

Unempathisches Verhalten ist zwar für sich genommen keine Krankheit. Es geht aber oft einher mit psychischen Störungen. Am häufigsten wird Empathiemangel mit Autismus, einer Störung des Sozialverhaltens oder mit ADHS in Verbindung gebracht.

Fast fünf Prozent der Kinder und Jugendlichen in Deutschland gelten nach ärztlicher Diagnose als hyperaktiv, in der Altersgruppe der elf- bis siebzehnjährigen Jungen ist sogar jeder Zehnte betroffen.[77] Kinder mit dem „Zappelphilipp-Syndrom" gibt es in nahezu jeder Grundschulklasse. Sie können sich schlecht konzentrieren, manche fallen durch notorisches Stören auf. Kinder mit ADHS gelten zum Teil als weniger einfühlend. Sie reagieren – wie Lukas aus Kapitel 1 – auf die Gefühlsregungen anderer eher distanziert oder gleichgültig. Sie haben in der Folge meist weniger Freunde. Eine Studie aus dem Jahr 2004 zeigte, dass hyperaktive Kinder später öfter als andere Kinder sozial auffallen.[78] Allerdings streiten sich die Wissenschaftler noch, wie dieser Zusammenhang zustande kommt.

Manche Empathieforscher wie Nancy Eisenberg argumentieren, dass es diesen Kindern möglicherweise weder an emotionaler noch an kognitiver Empathie mangele. Hyperaktive Kinder könnten sich theoretisch durchaus in andere Menschen einfühlen und deren Absichten verstehen. Ihr Aufmerksamkeitsdefizit sorge aber dafür, dass sie sich schlecht auf den Nachbarn konzentrieren könnten und dessen Körpersignale, Worte und Gesten deshalb weniger beachteten. Würde man ihnen dabei helfen, die Gefühle anderer genauer zu erkunden und sich dabei nicht ablenken zu lassen, würden sich ihre Reaktionen nicht von denen anderer Kinder unterscheiden, so Eisenberg. Der Kinderneurologe Hans-Jürgen Kühle und seine Kollegen haben beobachtet, dass hyperaktive Kinder dazu neigen, den Blickkontakt schneller abzubrechen als andere Kinder.[79] Eltern und Lehrer glaubten dann, das Kind würde sich nicht für sie interessieren und reagierten verletzt.[80] Tragischerweise könnten sich gerade aus solchen Fehleinschätzungen („Mein Kind hört mir sowieso nicht zu") Empathieprobleme entwickeln, weil Empathie ja nicht einfach „da" ist, sondern sich im ständigen Wechselspiel mit der Umwelt entwickelt.

Besonders vorbelastet sind Kinder, deren Mütter während der Schwangerschaft geraucht oder Alkohol getrunken haben.

Die „Mannheimer Risikokinderstudie"[81] belegt die gravierenden Auswirkungen des Zigarettenkonsums in der Schwangerschaft auf das spätere Sozialverhalten des Kindes. Für die Längsschnittstudie wurden 362 Kindern von ihrer Geburt an bis in die späte Kindheit regelmäßig untersucht. Kinder, deren Mütter während der Schwangerschaft täglich mehrere Zigaretten rauchten, hatten später einen um bis zu sieben Punkte niedrigeren Intelligenzquotienten, auch ihre sozialen Fähigkeiten waren signifikant eingeschränkt: Sie zeigten zwei- bis dreimal häufiger Verhaltensauffälligkeiten – darunter vor allem typische ADHS-Symptome wie „Unaufmerksamkeit" und „Impulsivität". Die Unterschiede zwischen Kindern rauchender und abstinenter Mütter blieben auch dann bestehen, wenn man andere Risikofaktoren wie psychische Erkrankungen oder niedriges Bildungsniveau der Eltern berücksichtigte.

Die Ursache: Tierversuche legen nahe, dass das Nervengift Nikotin die Entwicklung des körpereigenen „Belohnungssystems" im Gehirn behindert. Dieses „dopaminerge System" ist für die Entstehung des Syndroms ADHS bedeutsam: Kinder mit dieser Störung weisen eine Fehlregulierung des Botenstoffs Dopamin auf.

Sebastian

Sebastian ist sieben. Manchmal ist er überraschend einfühlsam, sagt seine Mutter. Neulich beispielsweise, als sie nach einem Disput im Büro müde und erschöpft war: „Heute musst du ein bisschen vorsichtig mit mir sein", bat sie ihren Sohn. „Ich hab mich bei der Arbeit sehr geärgert."

Sie habe keine besondere Zuwendung erwartet. „Aber er verhielt sich klasse, er hat mich getröstet, das war ganz wunderbar."

Häufig erlebe sie das Gegenteil. „Er erwartet, dass sich die Welt auf ihn einstellt." Nimmt er beispielsweise einem Kind einen Stift weg und das Kind haut ihn, schlägt er zurück und fühlt sich danach zu Unrecht angegriffen.

Sebastian ist hyperaktiv. Schon über den Dreijährigen hagelte es Beschwerden im Kindergarten, er haue andere Kinder, bleibe nicht sitzen, singe nicht mit. Sebastian galt als „sehr auffällig", und das wurde mit den Jahren schlimmer. Mit sechs Jahren hieß es, er habe eine „Störung des Sozialverhaltens", berichtet seine Mutter. Zu Hause war er oft ganz anders. Widmete sie ihm ihre ganze Aufmerksamkeit, „dann hat er ganz toll gespielt". Ärger gab es immer dann, wenn Sebastian den Erwachsenen mit anderen Kindern teilen sollte – im Kindergarten oder in der Grundschule.

Sebastians Mutter glaubt, dass ihr Sohn schon früh geprägt wurde – als sie im vierten Monat schwanger war, verließ sie der Vater des Kindes. Bei der schwierigen Geburt, die mehr als 22 Stunden dauerte, erlitt der Junge eine Hirnhautreizung, die aber wieder ausheilte. Ein neuer Partner im Leben der Mutter brachte auch keine dauerhafte Stabilität. Der Mann, zu dem Sebastian „Papa" sagte, sei psychisch krank gewesen und habe ohne Anlass gebrüllt, oft in Anwesenheit des Kleinen, sie auch einmal auch vor Sebastians Augen geschlagen. Folge: Mit zwei Jahren verweigerte Sebastian das Sprechen und das Essen. Inzwischen lebt sie wieder allein mit ihrem Sohn.

Nach wenigen Wochen in der ersten Klasse erklärte Sebastian schon: „Ich will nicht mehr in die Schule." Die Mutter fand heraus: Er verbrachte viel Zeit im Nebenraum, er, der überdurchschnittlich intelligent ist, fühlte sich als schlechter Schüler. Er klagte, dass es in der Klasse zu laut sei, er könne sich nicht konzentrieren. Sebastian lehnte Aufgaben ab, war aufsässig zur Lehrerin: „Nein, das mach ich nicht." Er war unbeliebt, weil er andere Kinder piekste, ihnen Stifte wegnahm, sie trat. „Bald wollte keiner mehr was mit ihm zu tun haben." Denn mal entschuldigte er sich, mal nicht. „Es kommt in solchen Situationen darauf an, wo er gerade mit seinen Gedanken ist."

Kurz vor Weihnachten wurde er so aggressiv, dass die Mutter mit ihm zum Kinderarzt ging. Sebastian bekam den Wirkstoff Methylphenidat, seine Konzentration wurde besser. Doch nun war Sebastian auch zu Hause außer Rand und Band, besonders dann, wenn die Mutter Leistung von ihm wollte. Einmal schlug er ihr die Nase blutig, einmal verdrehte er ihr den Arm so stark, dass sie sich krankschreiben lassen musste. „Ich habe Judo gelernt, mich auf ihn draufgelegt und einen Haltegriff angewendet", erzählt sie. „Da hat er mich hochgehoben. Es ist unglaublich, was für Kräfte ein tobender Sechsjähriger entwickeln kann." Sie setzte das Medikament ab, Sebastian wurde etwas ruhiger. Ein Erziehungsprogramm und ein klar strukturierter Tag sollen ihm helfen. In der Schule bekommt Sebastian seinen eigenen Arbeitsplan.

Doch neulich kam vormittags schon wieder ein Anruf der Schule, sie solle ihren Sohn abholen. Sebastians Mutter arbeitet als Kundenbetreuerin in einem großen Unternehmen. Sie eilte zur Schule. Sebastian saß in der Parallelklasse. Die Lehrerin berichtete empört, er sei mit einer Schere auf eine Mitschülerin losgegangen. „Sie gab mir die

Schere wie ein Tatwerkzeug." Sebastian erzählte der Mutter eine ganz andere Geschichte: Er wollte mit der Schere Krokodil spielen, die sollte in die Brotbox des anderen Kindes beißen, dabei hielt er die Schere in Halshöhe des Kindes, als die Lehrerin dazukam. „Er hatte gar nicht kapiert, warum die sich aufregte."

Auch aus dem Hort, den er nach der Schule besuchte, kamen Beschwerden: Sebastian sei kaum noch zu ertragen. In einem Training mit anderen Kindern hat Sebastian jetzt gelernt, wie er „die Wutleiter wieder runterklettert". Doch in Schule und Hort sehen sie keine Perspektive mehr für ihn. Er soll, obwohl normal begabt, in eine „Schule für Erziehungshilfe", eine Förderschule.

Die Rolle von Vorbildern

Empathie muss unterstützt werden, darin sind sich Psychologen und Neurologen einig. Im Idealfall geschieht dies intuitiv durch Eltern, die ein warmherziges Klima schaffen, in dem sich das Kind geborgen und gefördert fühlt.[82]

Das hatte Tracy Spinrad von der Arizona State University auch in einem Versuch mit 98 Kindern im Alter von eineinhalb Jahren nachgewiesen. Die Kleinkinder wurden Zeuge, wie eine fremde Frau, die Versuchsleiterin, einen Korb mit Spielsachen „versehentlich" auf ihren eigenen Fuß fallen ließ. Sie jammerte und klagte. Die Reaktion der Kinder im Verhaltensexperiment wurde gefilmt. Es zeigte sich, dass ausnahmslos alle Kinder ihre Beschäftigung unterbrachen und die Frau betrachteten. Deutliche Unterschiede zeigten sich aber in der Aufmerksamkeit der Kinder. Spinrad und ihre Kollegen hatten die Mütter der Kinder acht Monate zuvor gefilmt, um herauszufinden, wie einfühlsam sie auf ihre Kinder reagierten. Es zeigte sich ein interessanter Zusammenhang: Kinder, die damals bei ihren Müttern größere Aufmerksamkeit genossen hatten, zeigten nun auch größeres und längeres Interesse an dem Leiden der fremden Frau. Die Kinder, deren Mütter sich weniger intensiv mit ihnen beschäftigt hatten, befassten sich schneller mit etwas anderem.[83]

Lernen am Modell

Elterliche Wärme, Herzlichkeit und Ausgeglichenheit sind also beste Voraussetzungen dafür, dass Kinder hilfsbereit werden. Allerdings: Kinder in den ersten Lebensjahren adaptieren auch das Verhalten von unnahbaren, gestressten, aggressiven Eltern. Sie können nicht anders. Schlägt der Vater die Mutter, lernt das Kind, dass Gewalt gegen Schwächere in Ordnung ist, also beispielsweise, Freunde zu schlagen. Kinder müssen immer neue Handlungsweisen erlernen, deshalb ist es so wichtig, was man ihnen vorlebt – als Modell und Optionen, aus denen sie ihre späteren Möglichkeiten bilden können.

Kinder beobachten ihre Eltern und ihre Geschwister, vor allem die älteren Brüder und Schwestern, sehr aufmerksam, um deren Verhalten zu imitieren. Je besser ein Kind das Modell kennt, je sympathischer es ihm ist und je erfolgreicher das Modell mit seinem Verhalten sein Ziel erreicht, desto eher wird das Kind seine Handlungsstrategien übernehmen.

Dass Eltern, die das gewünschte Verhalten selbst vorleben, mehr erreichen als harte und strafende Erzieher, die Verbote aussprechen, betonte schon in den Sechzigerjahren der kanadische Psychologe Albert Bandura.

Wer ein Kind nur dafür belohnt, wenn es etwas richtig macht, und dafür bestraft, wenn es Fehler macht, engt seinen Handlungsspielraum nach und nach ein. Das Lernen durch Nachahmung dagegen erweitert seinen Spielraum. Nur durch hilfreiche Modelle können Kinder sinnvolle Alternativen zu ihrem bisherigen Verhalten kennenlernen.

Jugendliche, deren Eltern sich beispielsweise ehrenamtlich engagieren, nehmen mit größerer Wahrscheinlichkeit ebenfalls Freiwilligenarbeit auf sich. Schon Grundschulkinder kümmern sich deutlich mehr um ihre Mitmenschen, wenn ihre Eltern fürsorglich sind, und Kinder, deren ältere Geschwister fürsorglich sind, können besser auf die Bedürfnisse anderer eingehen.[84]

Elterliche Empathie und Fürsorge wirken sich doppelt fördernd auf die Entwicklung der Empathie des Kindes aus: als Modell – durch die Vorbildfunktion – und als warmherzige, schützende Umgebung.

Beobachten lässt sich dieser Effekt etwa ab dem dritten Lebensjahr. Kinder unter zwei Jahren ahmen das Sozialverhalten ihrer Mütter noch nicht nach. Ihre mitfühlenden Äußerungen und Hilfeversuche zeigen sich eher spontan. Erst ab Beginn des dritten Lebensjahres hängt ihr Verhalten mit dem ihrer Eltern zusammen. Zeigen die Eltern kein Mitleid mit den Kindern, hören die Kinder auch irgendwann damit auf.[85]

Sie lernen am Vorbild – im Guten wie im Bösen.

4. „Es hat doch gequietscht vor Vergnügen"

Marcel, 8, hat sein Meerschweinchen getötet. Er schlug es so lange gegen die Wand, bis es tot war. Er kann nicht verstehen, weshalb sich die Erwachsenen so darüber aufregen. Das Tier habe doch „gequietscht vor Vergnügen", verkündete er danach ungerührt.

Wenn Kinder Tiere quälen, bedeutet dies – je nach dem Alter des Kindes und dem Grad der Quälerei – höchste Warnstufe. Ein Zweijähriger kann noch nicht einschätzen, wie weh es einer Katze tut, wenn er sie am Schwanz zieht, ein Achtjähriger sehr wohl. Denn besonders zu Haustieren entwickeln Kinder gewöhnlich eine innige und fürsorgliche, also ausgesprochen empathische Beziehung. Der Tod des geliebten Kaninchens kann für ein Kind so einschneidend sein wie der Tod eines nahen Verwandten. Tiere bringen auch bei „schwierigen" Kindern die weichen Seiten zum Vorschein. Umso irritierender, wenn ein Kind brutal mit einem Tier umgeht. Von der amerikanischen Anthropologin Margaret Mead ist der Satz überliefert: „Eines der gefährlichsten Dinge, die einem Kind passieren können, ist, ein Tier zu quälen oder zu töten und einfach so davonzukommen."

Marcel ist nicht „einfach so davongekommen." Seine Mutter brachte ihn in die Praxis der Frankfurter Kinderpsychiaterin Susanne Schlüter-Müller, zumal der Junge in der Schule bereits seit einiger Zeit durch aggressives Verhalten auffiel. Schon bei kleinen Kränkungen trete und spucke er, berichtete sie. Er wirke oft abwesend, habe einen „starren

Blick", werde von anderen abgelehnt. Der Junge habe auf sie „kalt" gewirkt, erinnert sich Schlüter-Müller. „Es war das erste Mal, dass ich das Gefühl hatte, es gibt Kinder, die haben tatsächlich schon psychopathische Eigenschaften." Seine Mutter habe sachlich, fast emotionslos berichtet.

Im Laufe der nächsten Monate eröffnete sich Susanne Schlüter-Müller Stück für Stück ein innerfamiliäres Drama hinter der Fassade einer gebildeten Familie, in dem Marcels Vater eine Schlüsselrolle spielte. Er gehörte einer christlichen Gemeinschaft an und nahm die Bibel wortwörtlich. Etwa den Satz: „Wen der Herr liebt, den züchtigt er." Der Vater schlug den kleinen Marcel schon bei nichtigen Anlässen, beispielsweise wenn der Junge versehentlich ein Glas umkippte. Er schlug mal mit dem Stock, mal mit einem Verlängerungskabel. Danach nahm er sein Kind auf den Schoß und erklärte ihm: „Ich mache das nur, weil ich dich liebe."

Ein Satz, so verheerend wie die Schläge selbst. Denn Marcel hatte im Laufe der Jahre gelernt: „Wehtun ist Liebe. Was du spürst, dein Schmerz, ist falsch." Folge der seelischen Deformation: Marcel deutete Gefühle immer wieder falsch. Das zeigte sich auch seinem Meerschweinchen gegenüber. Ihm wehzutun, war nicht schlimm, im Gegenteil: Es empfand nach Marcels Meinung doch „Vergnügen".

Marcels Therapie dauerte Jahre. Er sollte seine ursprünglichen Gefühle wiederentdecken, beispielsweise auch wieder weinen können. „Ein Indianer kennt keinen Schmerz", behauptete der Achtjährige. Die Therapie schloss auch den Vater ein. Die Ärztin verlangte als Erstes, dass er aufhörte, das Kind zu schlagen, er sollte den Stock „in einem Ritual verbrennen", als Gegenstück zu dem Misshandlungsritual, das er betrieben hatte.

Der Vater, so stellte sich im Verlauf der Gespräche heraus, war selbst als Kind vom eigenen Vater jahrelang misshandelt und gedemütigt worden. In seiner späteren, strengen Glaubensvorstellung nahm Gott die Rolle des neuen „guten" Vaters ein, dem er gehorchen wollte. Er wollte es allerdings „besser" machen als der eigene Vater einst – weshalb er Marcel nach den Schlägen tröstete.

Auch die Mutter hatte nie erlebt, wie es sich anfühlt, um seiner selbst willen geliebt zu werden. Ihre Mutter hatte sie früh weggegeben. Beide Eltern waren nach Einschätzung von Susanne Schlüter-Müller selbst empathiegestört und lebten in einem „komplett verrückten Beziehungssystem, das sich über Generationen erstreckte".

Warum blieb Marcel in dieser schwer gestörten Familie? Ihn in eine Pflegefamilie zu geben, „haben wir heftig diskutiert, aber er liebte seine Eltern, egal was die machten. Er war höchst loyal." Vor einem Richter, vermutet die Ärztin, hätte er geschwiegen. „Wir hatten nur die Wahl: Entweder wir verlieren das Kind, oder wir arbeiten zusammen." Der Vater habe seinen Sohn seit Beginn der Therapie nicht mehr geschlagen. Sehr viel habe sich aber bei Marcel nicht mehr bewegen lassen. „Er war schon sehr zerstört." Heute ist Marcel ein zutiefst verunsichertes Kind, das jeder Bindung misstraut.

Die Warnsignale

Wie kann man erkennen, ob ein Kind in Gefahr ist, dissozial und damit zum Außenseiter zu werden? Eine verlässliche Diagnose kann nur ein Arzt stellen. Allerdings gibt es einige Anzeichen, die auf eine Störung des Sozialverhaltens hindeuten. Die Verfasser der Bella-Studie[86], die das seelische Wohlbefinden von Kindern in Deutschland untersuchten, stellten den Eltern von 2863 Kindern im Alter zwischen 7 und 17 Jahren beispielsweise folgende Fragen:

Ihr Kind:

1. streitet oder widerspricht viel
2. gibt an, schneidet auf
3. ist roh oder gemein zu anderen oder schüchtert sie ein
4. verlangt viel Beachtung
5. macht seine/ihre eigenen Sachen kaputt
6. macht Sachen kaputt, die Eltern, Geschwistern oder anderen gehören
7. gehorcht nicht zu Hause
8. gehorcht nicht in der Schule
9. scheint sich nicht schuldig zu fühlen, wenn er/sie sich schlecht benommen hat
10. ist leicht eifersüchtig
11. gerät leicht in Raufereien
12. hat Umgang mit anderen, die in Schwierigkeiten geraten
13. lügt, betrügt oder schwindelt
14. greift andere körperlich an
15. ist lieber mit älteren Kindern oder Jugendlichen als mit Gleichaltrigen zusammen
16. läuft von zu Hause weg
17. schreit viel
18. zündelt gerne oder hat schon Feuer gelegt
19. produziert sich gern und spielt den Clown
20. stiehlt zu Hause

21. stiehlt anderswo
22. ist störrisch, mürrisch oder reizbar
23. zeigt plötzliche Stimmungs- oder Gefühlswechsel
24. flucht oder gebraucht obszöne (schmutzige) Wörter
25. redet zuviel
26. hänselt andere gern
27. hat Wutausbrüche oder hitziges Temperament
28. bedroht andere
29. schwänzt die Schule (auch einzelne Schulstunden)
30. ist ungewöhnlich laut
31. trinkt Alkohol, nimmt Drogen oder missbraucht Medikamente
32. richtet mutwillig Zerstörungen an.

Beobachtungen wie „redet zuviel" oder „ist störrisch, mürrisch, reizbar" können allein kaum als Anzeichen für aggressives und dissoziales Verhalten gelten. Entscheidend sei, so die Verfasserinnen der Studie, wie viele Faktoren zusammenkommen, in welcher Stärke und wie lange schon. „Ein gewisser Leidensdruck in der Familie muss auf jeden Fall vorhanden sein", sagt Ulrike Ravens-Sieberer, die Leiterin der Bella-Studie.

Darauf deuten einige Antworten hin. Elf Prozent der Eltern gaben an, ihr Kind sei manchmal roh und gemein zu anderen, sieben Prozent erwähnten, dass es andere manchmal körperlich angreife. Fehlendes Schuldbewusstsein spielte bei 31 Prozent der Befragten manchmal, bei fünf Prozent sogar „häufig" eine Rolle.

Sind solche Zahlen Anlass zur Sorge – oder eher ein Indiz dafür, dass Kinder heute viel genauer und kritischer betrachtet werden als vor dreißig Jahren? Beruhigend ist, dass bei der Hälfte der Betroffenen die Symptome für ein gestörtes Sozialverhalten verschwinden, sobald sie die wilden Jahre zwischen 15 und 25 überstanden haben. Bei den übrigen allerdings besteht ein „deutlich erhöhtes Risiko", dass sie sich nicht in die Gesellschaft eingliedern können und beispielsweise kriminell werden.[87] Zehn Prozent entwickeln als Erwachsene eine dauerhafte antisoziale Persönlichkeitsstörung – vor allem die „Frühstarter", die schon im Kindergarten und der Grundschule zugeschlagen haben.

Die frühen Feinzeichen

Andreas ist erst eine Woche alt, als er seiner Mutter weggenommen und sechs Wochen lang in die Obhut einer Pflegefamilie gegeben wird. Das Neugeborene ist in akuter Gefahr, auszutrocknen. Frau L., Mitte dreißig, hatte ihr Kind heimlich zu Hause geboren. Sie hatte beim Stillen nicht bemerkt, dass sie kaum Milch hatte. „Ich hatte auch immer Durst", erklärt sie. Andreas ist ihr zweites Kind.

Schon beim ersten Kind, einem Mädchen, war Frau L. den Behörden aufgefallen. Nachbarn wiesen das Jugendamt darauf hin, dass die zweijährige Jana viel schreie, hungrig und ungepflegt wirke und nicht spreche. Sie wurde in einer vermüllten Wohnung gefunden, wo sie sich zwischen schmutzigen Damenbinden und anderem Unrat ihr Essen zusammenklaubte. Jana ist kleinwüchsig und in ihrer Entwicklung zurückgeblieben. „Das Mädchen war ein Tierchen, als es bei uns ankam", erinnert sich Marina Schmidt von der Kindernotaufnahme des Stuttgarter Jugendamts.

Frau L. versteht nicht, was die vom Jugendamt von ihr erwarten. „Die Kleine will ja nicht", sagt sie achselzuckend, wenn sie gefragt wird, warum sie oder ihr Mann das Kind nicht versorgen. Jana trägt keine Windel. „Was kann ich dafür, wenn die sich schon mittags verschmiert", kontert sie. Ein Psychiater nennt Frau L. aufgrund ihrer eigenen Biografie „beziehungsunfähig". Sie nehme ihr Kind nicht wahr, glaubt Marina Schmidt, so wie sie selbst von der eigenen Mutter nicht wahrgenommen worden sei, die sie im „Kommandoton" befehligte. Jana kommt zu Pflegeeltern. Mit Andreas, dem kleinen Bruder, soll alles besser werden, versichert Frau L.

In der Kindernotaufnahme darf Frau L. ihr Baby Andreas nach sieben Wochen wiederhaben, unter Aufsicht. Sie bezieht eins der hellen, hübsch eingerichteten Zimmer, die speziell für Mütter mit kleinen Kindern in Ausnahmesituationen reserviert sind. Nebenan hält sich Tag und Nacht eine Sozialpädagogin auf. Sie gibt Tipps, wie Andreas zu versorgen ist, sie schaut aber auch genau hin. Acht Tage lang beobachten Marina Schmidt und ihre Kollegin Alexandra Weimer, wie Frau L. mit ihrem Baby umgeht. „Clearing" nennt sich dieser Prozess, Frau L. wird „offen und ehrlich" so Schmidt, darüber aufgeklärt, dass ihr Verhalten beobachtet wird. Ziel ist es, Mutter und Kind möglichst wieder zusammenzubringen. Die Entscheidung darüber liegt beim Familiengericht, die Betreuerinnen in der Notaufnahme geben eine Empfehlung ab. „Die Mütter stehen unter Druck, sie wollen erfüllen, was wir von ihnen erwarten", sagt Marina Schmidt. Was sie nicht wissen: Es geht nicht nur um die richtige Wickeltechnik oder die Temperatur der Milch im Fläschchen, es geht vor allem um ihre Fähigkeit zur Zuwendung. Schafft es die junge Mutter, die eigenen Bedürfnisse hinter die ihres Babys zu stellen, steht sie nachts auf, wenn das Kleine brüllt? Intuitive elterliche Kompetenzen nennen das die Betreuerinnen, eigentlich sollte sie jeder haben. Schmidt will wissen, ob es diese „Ressourcen" gibt, ob sie vielleicht nur durch schlechte Erfahrungen verschüttet sind.

Eine Videosequenz zeigt Frau L. beim Füttern von Andreas. Sie gibt ihm das Fläschchen, doch er will nicht trinken. Mechanisch rüttelt Frau L. an der Flasche, um ihn zum Trinken zu bewegen. Auffällig: Andreas sucht während des Fütterns kein einziges Mal den Blickkontakt zu seiner Mutter, er schaut immer an ihr vorbei. Sehr ungewöhnlich für einen zwei Monate alten Säugling, sagt Marina Schmidt, denn gewöhnlich kommunizieren Mutter und Kind beim Füttern ständig miteinander. Wenn Andreas schreit, gelingt es seiner Mutter nicht, ihn zu beruhigen. Anders bei der Pflegemutter. „Bei ihr lag er ruhig im Arm." Vielleicht liegt es daran, dass Frau L. kaum mit ihrem Sohn spricht und ihn ausdruckslos anschaut. „Süßer, was passt dir nicht?", fragt sie einmal leicht ungehalten. Noch während des Fütterns schläft Andreas ein. „Das ist seine Strategie, damit man ihn in Ruhe lässt", glaubt die Sozialpädagogin. Wie erklärt sie sich, dass ein so kleines Kind die wichtigste Person in seinem Leben nicht wahrnimmt? „Die erste Woche ist fest verankert in seinen Gehirnstrukturen", sagt sie. Marina Schmidt vermutet, dass Andreas damals nicht nur fast verdurstete, sondern auch misshandelt wurde. Nachzuweisen ist dies nicht, nur zu vermuten. „Können Sie mir zeigen, wie ich dem Kind das Jäckchen anziehe, ohne ihm den Arm zu brechen?", fragt Frau L. einmal.

Unsicher gebundene Kinder reagierten im Spiegel-Experiment von Doris Bischof-Köhler (vgl. S. 67f) oft nicht mitfühlend, sondern gefühlsangesteckt oder unbeteiligt, auch dann, wenn sie schon ein Ichbewusstsein hatten, also sich selbst im Spiegel erkennen konnten.[88] Babys depressiver Mütter haben Schwierigkeiten, den Gesichtsausdruck ihrer Mütter nachzuahmen, sie sind überproportional häufig bindungsgestört.[89] Bindungsforscher raten deshalb dazu, die „Feinzeichen" von Babys und Kleinkindern viel stärker zu beachten. Feinzeichen sind Signale, die sie mittels Mimik, Körpersprache oder Atmung aussenden, und die auf eine Störung hindeuten können.

„Ziel jedes Säuglings ist es, mit seiner Umwelt in Beziehung zu treten, immer wieder, egal, was man ihm antut", sagt Marina Schmidt. Sie schult beispielsweise Erzieherinnen darin, die „Feinzeichen" von Babys zu lesen und richtig zu deuten. Umso besorgniserregender, wenn ein Kind keine Beziehung mehr sucht, so wie Andreas. Mit der Zeit entwickeln vernachlässigte oder misshandelte Kinder Strategien, um zu überleben; sie versuchen ihre Umgebung durch Geschrei dazu zu bringen, sich ihnen zuzuwenden. Manche Babys verstummen. „Gerade solche Kinder, die irgendwann nicht mehr stressen, die keinen Kontakt mehr suchen, sich sogar von der Mutter wegdrücken statt sich anzukuscheln, sind in Gefahr", sagt Marina Schmidt.

Säuglinge, die gestresst sind, versuchen sich selbst zu beruhigen, indem sie sich selbst berühren, beispielsweise ihre Faust zum Mund führen. Das nennt sich Selbstregulation. „Solange sie sich selbst regulieren, kann man noch viel tun", sagt Schmidt. Regulieren sie sich nicht mehr selbst, zeigen sie beispielsweise durch eine sehr blasse, marmorierte Haut, flache, schnelle Atmung, fahrige Bewegungen oder weit aufgerissene Augen, dass sie unter Stress oder Panik leiden. Auf solche „Feinzeichen" zu achten, ist auch für viele Kinderkrankenschwestern, Pfleger und Erzieher noch neu. Schmidts Vorträge sind überlaufen. „Vor 25 Jahren hat man die Babys im Kindertagheim noch im Bettchen festgeschnallt. Wenn eines nicht essen wollte, hat man ihm die Nase zugehalten, Brei rein und fertig", erinnert sich ihre Kollegin, Sozialarbeiterin Alexandra Weimer. „Kinder in diesem Alter hatten keine emotionalen Bedürfnisse zu haben, es zählte nur, ob sie satt und sauber waren, ob sie geschlafen und ob sie Stuhlgang hatten."

Schreibabys

Nicht immer ist allerdings die Umgebung schuld, wenn ein Säugling als „Schreibaby" auffällt. Es gebe tatsächlich Kinder, die mit einem „schwierigen Temperament" zur Welt kommen, sagt die Frankfurter Diplompsychologin Christina Stadler. Solche Kinder schreien scheinbar ohne Anlass, sie reagieren schwächer auf äußere Reize, beispielsweise auf das Knallen einer Tür, manchmal auch auf die Ansprache ihrer Eltern. „Aber", so Stadler „das heißt nicht, dass man nichts machen kann. Nichts ist unveränderbar bei kleinen Kindern." In den ersten Jahren wirken die Einflüsse von außen stärker als die Gene. Schwierige Babys brauchten besonders aufmerksame, kompetente, geduldige Eltern.

Doch genau daran mangelt es. „Schreikinder sind ein Riesenthema", bestätigt Klaus Rodens, Kinderarzt in Langenau und Vorsitzender des Baden-Württembergischen

Landesverbandes der Kinder- und Jugendärzte. Zugleich seien immer mehr Mütter unsicher, wie sie das Verhalten ihres Babys interpretieren sollen. Alle Eltern brauchen eine gewisse Zeit, bis sich die Kommunikation eingespielt hat. Was Rodens und seinen Kollegen Sorge macht ist, dass die Missverständnisse zunehmen, weil Eltern „Signale öfter und länger nicht richtig deuten".

Manchmal mit schlimmen Folgen für das Kind. Wie oft Eltern an ihre Grenzen geraten, zeigt eine Zahl des Stuttgarter Jugendamts. In der Stadt, die das erklärte Ziel hat, Deutschlands „kinderfreundlichste Großstadt" zu werden, wurden im Jahr 2007 fast achthundert Kinder von ihren Eltern misshandelt oder vernachlässigt, ein trauriger Rekord in der Stadtgeschichte. Mehr als siebentausend Mütter lebten in einer sie „überfordernden Familiensituation". Familienhebamme Nadine Schürrle erlebt Mütter, die ihr Ungeborenes als „Parasit in meinem Bauch"[90] bezeichnen. Die meisten der betroffenen Mütter litten aber nicht in erster Linie unter Geldarmut, sagt die Hebamme, sondern eher an Beziehungsarmut – darunter, dass sich keiner für sie Zeit nimmt.

Mütter, die ihr Kind vernachlässigen, sind oftmals Mütter, die sich selbst nicht lieben können, beobachtet auch Sozialpädagogin Marina Schmidt. Es sind Frauen, die so bedürftig sind wie ihr Kind und insgeheim Liebe und Nähe erwarten – von ihrem Partner. Kinder aus solchen problematischen Beziehungen müssten schon ganz früh höchste Erwartungen erfüllen, sagt Schmidt. „Diese Kinder sollen hübsch sein, sie sollen die Beziehung der Eltern kitten, sie sollen funktionieren und gehorchen." Oder sie enttäuschen.

Und Andreas? Seine Mutter blieb nur wenige Tage in der Kindernotaufnahme. Nach zwei Tagen hatte sie sich zurückgezogen, sie saß stundenlang am Fenster ihres Zimmers, weinte und wirkte depressiv. Sie musste sich den Wecker stellen, um die Zeit nicht zu vergessen, wann Andreas sein Fläschchen bekam. Es gehe ihr nicht gut, sagte sie, ihr Mann fehle ihr. Das Baby stresse sie total. „Es wird nicht ruhig bei mir." Nach drei Tagen eröffnete sie den Mitarbeiterinnen der Notaufnahme, sie wolle ihr Kind abgeben – „dahin, wo es ihm besser geht". In gewissem Sinne ein Happy End für den kleinen Andreas. Und eine große Überraschung für Marina Schmidt und ihre Kollegin. Denn Frau L. hatte erstmals Empathie gezeigt. Sie traf eine Entscheidung im Sinne ihres Kindes. Andreas, so wird berichtet, geht es in der Pflegefamilie gut.

5. „Ich habe mir nichts dabei gedacht"

Es ist der 31. Mai 2006, ein Mittwoch. Katharina, 16, hat sich für den Abend mit ihren Freundinnen Amanda und Jule verabredet. In der Straßenbahn treffen sie zufällig Nina. Katharina und Nina sind seit Jahren „beste Freundinnen." Das heißt, sie waren es. Denn seit ein paar Wochen schwelt ein Streit zwischen den beiden Mädchen. Die 17-jährige Nina soll angeblich einer Freundin von Katharina auf die Nase geschlagen haben.

Katharina setzt sich zu Nina und macht ihr Vorwürfe. Eine Gemeinheit sei das gewesen, schließlich wisse sie genau, dass sich diese Freundin nie wehre. Nina versucht, sie zu beschwichtigen. Katharinas Wut scheint verraucht. Man habe sich „wieder ganz normal" unterhalten, wird sie später sagen. Die Clique steigt gemeinsam aus. Die Mädchen wollen rauchen, Nina bietet an, Zigaretten zu kaufen. Amanda sagt, sie müsse Nina nun aber noch eine Ohrfeige geben wegen dem Schlag auf die Nase der Freundin, „mehr zum Spaß". Nina nimmt sie hin und geht voraus in Richtung Zigarettenautomat. Da zieht Katharina plötzlich ein Klappmesser und sticht es ihrer Freundin in den Rücken. Nina dreht sich erschrocken um. Katharina wechselt das Messer in die linke Hand. Links habe sie mehr Kraft, wird sie später sagen. Katharina sticht wieder zu, von vorne, mit Wucht, blitzschnell. Sie sticht ihr die sieben Zentimeter lange Klinge in den Bauch, in die Arme, die Nina abwehrend hebt, in die Herzgegend. Nina bricht zusammen, ruft mit schwacher Stimme um Hilfe. Katharina verpasst ihr einen Tritt und flüchtet mit den Freundinnen, die noch nicht kapieren, was geschehen ist. Ein Passant ruft unterdessen den Notarzt, Nina wird operiert, droht zu verbluten. Zwei Tage später stirbt sie.

„Ich wollte sie nicht töten", beteuert Katharina immer wieder. Sie habe ihre Freundin nur „schneiden", aber „mit Sicherheit" nicht umbringen wollen, sagt Katharina nach der Tat. Sie sei „außer sich" gewesen. Sie erinnere sich nur an zwei Stiche. Tatsächlich waren es mindestens sechs. Sie habe sich „nichts dabei gedacht". „Ich weiß selbst nicht, warum ich das gemacht habe." Das Landgericht Karlsruhe verurteilt sie wegen Totschlags zu sieben Jahren Haft.

„Banale, ja kindliche Gründe" hätten Katharina zu ihrer Tat bewogen, glaubt ihr Anwalt Markus Bessler. Sie wollte der Freundin eine „Abreibung" verpassen. Und dann kam die Gruppendynamik dazu: Sie, die Wortführerin der Clique, wollte auf die Ohrfeige von Amanda „noch eins drauf setzen". Vielleicht, um sich vor den Freundinnen wichtig zu machen. Doch reicht das als Erklärung? Woher dieser „plötzliche Ausbruch tödlicher Gewalt?", rätselt der Pfarrer bei der Trauerfeier für die tote Nina, zu der mehr als hundert Jugendliche kommen.

„Es gibt keine vernünftige Erklärung für die Tat", sagt Katharinas Anwalt. Aber es gibt Hinweise, warum aus einem zunächst unauffälligen, gesunden und intelligenten Kind ein Mensch wird, der andere das Fürchten lehrt.

Katharina wird in Kasachstan geboren. Der Vater ist Deutscher, die Mutter stammt aus Usbekistan. Als sie anderthalb Jahre alt ist, ziehen die Eltern mit ihr und dem ein Jahr älteren Bruder nach Deutschland. Die Mutter ist Mitglied der „Zeugen Jehovas", sie will unauffällig leben und sich so schnell wie möglich nach oben arbeiten. Sie schuftet in einer Wäscherei. Für die Kinder bleibt kaum Zeit, deshalb bringt sie Sohn und Tochter schon nach wenigen Monaten zurück nach Kasachstan zu den Großeltern.

Mit drei Jahren ist Katharina wieder bei den Eltern. Jetzt kümmert sich der Vater um die Kleine und ihren vierjährigen Bruder. Über den Charakter ihres Vaters sagt Katharina nur einen Satz: Er sei „geisteskrank". Er verlangt von den kleinen Kindern, dass sie zu Hause Liegestützen und „Klappmesser" üben. Weil sie es nicht schaffen, beschimpft er sie als „Waschlappen". Auch einen Spagat fordert er. Dazu drückt er Katharina an den Schultern auf den Boden. Manchmal muss sie sich auch an die Wand setzen und der Vater grätscht ihre Beine auseinander, bis sie an die Wand stoßen. Wenn sie vor Schmerzen weint und schreit, brüllt er und schlägt sie mit dem Ledergürtel. Dafür muss sie „freiwillig" ihre Hose ausziehen, berichtet Katharina. Wenn sie unter den Hieben auf den nackten Po weint, bekommt sie noch mehr Schläge. Auch abends, wenn die Mutter nach Hause kommt.

Die schimpft zwar mit ihrem Mann, wagt aber nicht, Hilfe zu holen. Stattdessen macht sie die Leibesübungen „langsam und ohne Gewalt" mit den Kindern, um den Ehemann zu besänftigen.

Das brutale Regiment des Vaters dauert mindestens sechs Jahre. Manchmal verschwindet er für ein paar Wochen, um Autos von Deutschland nach Kasachstan zu schaffen. Als er wegen Drogenhandels ein Jahr im Gefängnis landet, atmen die Kinder auf. Dann ist er wieder da.

Einmal gibt es Hoffnung, dass die Quälerei ein Ende haben könnte. Der Vermieterin fällt der Lärm aus der Wohnung der Aussiedlerfamilie auf. Sie droht dem Vater mit einer Anzeige beim Jugendamt, aber dann tut sie es doch nicht. Die Familie zieht um. Katharina und ihr Bruder machen weiterhin unter Schlägen und Drohungen gymnastische Verrenkungen. Seine Kinder, behauptet er, würden ihm eines Tages dankbar für die Schläge sein.

Schon im Kindergarten fällt Katharina auf, weil sie andere Kinder haut. Ursachenforschung? Fehlanzeige. Auf Erwachsene, das hat Katharina schnell begriffen, ist kein Verlass. Auch in der Grundschule gilt sie als aggressiv. Sie frisst sich Kummerspeck an. Sie sei zu fett, hänselt der Vater. Katharina macht nachts ins Bett, noch mit neun Jahren – tags lässt sie ihre Wut heraus, immer öfter auch an ihren Lehrern. An der Hauptschule kann ihre Lehrerin nur knapp einem Stuhl ausweichen, den Katharina nach ihr wirft. „Katharina hat sich ihre eigenen Gesetze gemacht", erinnert sich die Lehrerin.

Katharina verlässt mitten in der Stunde den Unterricht, wenn sie ermahnt wird. Und ermahnt wird sie oft. Sie könne „vieles schlucken", behauptet Katharina über sich. Das nimmt sie auch wörtlich. Mit elf raucht sie Marihuana. Mit zwölf ist sie das erste Mal total betrunken. Mit dreizehn raucht und trinkt sie in der Öffentlichkeit. Vom Kiffen bekommt sie Hungeranfälle. Sie wiegt mit dreizehn Jahren 87 Kilo. Sie leidet an Bulimie. Mit 14 will sie sich das Leben nehmen und schluckt Tabletten. Sie bekommt nur Magenkrämpfe davon. Mit dem Teppichmesser ritzt sie sich die Unterarme auf. Das Ritzen wird zur nächsten Sucht. Durch den Wundschmerz spüre sie ein paar Stunden lang ihre inneren Schmerzen nicht mehr, sagt sie. Die Lehrer bekommen kaum Einblick in die Dramen, die sich in Katharina abspielen. Sie wissen nicht, was sie mit diesem Mädchen anfangen sollen, das sich so machohaft aufführt.

Katharina brüllt: „Halt's Maul!", wenn ihr etwas nicht passt. Sie ist trotzig, aufsässig, verlässt Türen knallend das Klassenzimmer, wenn ihre Lehrer sie ermahnen. Sie wirft mit Büchern um sich, raucht wie ein Schlot und trinkt Wodka wie die Kerle. „Russisches Kampfweib" wird sie wegen ihrer Militärhosen von den anderen genannt. Katharina ist in einer Clique, die sich regelmäßig am Raucherbaum auf dem Pausenhof trifft: Amanda, Jule, Nina und Lorenzo, Ninas Freund. Katharina ist der Chef. Sie schwänzt, wann sie mag. Dann hagelt es Verweise, doch die perlen an ihr ab. Die Schule bestellt die Mutter ein. „Sehr jung und hilflos hat sie gewirkt", sagt die Lehrerin. Die Mutter beklagt, dass sie keinen Zugang mehr zu ihrer Tochter habe.

Das Jugendamt soll helfen, doch an dem Gesprächskreis für schwer erziehbare Mädchen zeigt sie überhaupt kein Interesse. Das sei „Einmischung".

Dabei hat Katharina immer wieder gezeigt, dass sie auch noch andere Rollen als das böse Mädchen beherrscht. „Wenn sie wollte, konnte sie", erinnert sich die Lehrerin. Sie schafft es immer wieder mühelos, Stoff nachzuholen, den sie durch Schwänzen versäumt hat. Als die Klassenlehrerin ihr einmal sagt, es würde „viel Potenzial" in ihr stecken, habe sie „verwundert geguckt". Katharina ist musikalisch, spielt Flöte, beginnt mit Klavier. In Mathe gelingt es ihr kurz vor ihrem Schulabschluss, sich binnen eines halben Jahres von einer Vier auf eine Zwei hochzuarbeiten, in Englisch schafft sie es sogar, sich von 5,5 auf 1,8 zu verbessern. Zudem nimmt sie in dieser Zeit 20 Kilo ab. Die Nachhilfestunden finanziert sie mit dem Geld, das sie durch

Zeitungsaustragen verdient. Im Sommer 2005 macht sie einen guten Hauptschulabschluss.

„In Katharina gibt es zwei Welten", glaubt ihre ehemalige Lehrerin. Dieses Engelsgesicht, dieser unglaubliche Zorn. Sie habe das nie zusammengebracht. Dabei sei das Mädchen doch intelligent. „Ich dachte oft, da lässt sich doch was draus machen."

Katharina will nach dem ermutigenden Abschluss nun unbedingt auf die Realschule und die Mittlere Reife nachholen. Bei der Verabschiedung von ihrer Lehrerin bedankt sie sich und entschuldigt sich für die „Fehler", die sie gemacht habe. Die hat bei ihrer Schülerin ein „gutes Gefühl". Doch dann bekommt Katharina auf der Realschule keinen Platz. Sie muss auf eine Berufsschule, Warteschleife. Ihr Interesse erlahmt. Nach drei Monaten fliegt Katharina wegen wiederholten Schwänzens von der Schule.

Fortan interessiert sie sich nur noch für ihre Clique, trinkt noch mehr Wodka, explodiert beim kleinsten Anlass. Aus einer kleinen Rempelei mit anderen Mädchen in einer Disco – einen Monat vor der Tat – entwickelt sich eine Prügelei. Katharina schlägt einer Mitarbeiterin die Faust ins Gesicht. Die Polizei will sie zur Wache mitnehmen. Katharina tritt gegen das Polizeifahrzeug, beleidigt eine Polizistin, tritt deren Kollegen, ist außer Rand und Band. „Wenn ich etwas getrunken habe, bin ich aggressiv", bekennt sie. „Krieg ich dann noch Ärger, geht's los. Um gut drauf zu sein, trinke ich trotzdem."

„Wenn ein kleines Kind exzessiv gequält wird, kann es nur überleben, wenn es lernt, weniger zu spüren", sagt Klaus Schmeck, Leiter der Kinder- und Jugendpsychiatrie an den

Universitären Psychiatrischen Kliniken in Basel. Die Empfindungsfähigkeit des Kindes schaltet auf ein Notprogramm um. Geschieht dies auf so gravierende Weise wie bei Katharina oder Marcel, der sein Meerschweinchen quälte (vgl. S. 85ff), hat dies direkte Konsequenzen auf die Ausbildung der Spiegelneuronen im Gehirn.

Spiegelneuronen müssen „eingefahren" werden, schreibt Joachim Bauer, Psychiater und Internist an der Universitätsklinik Freiburg.[91] Ähnlich wie bei der Sprachentwicklung brauchen Säuglinge und Kleinkinder ständige Zwiesprache und geduldige, positive Bestätigung von vertrauten Personen, um ihr empathisches System ausbilden zu können, um ihren Hunger nach Nähe, Bestätigung, Anregung und Sicherheit zu befriedigen, nach dem Motto: „Use it or lose it." Fehlt diese Zwiesprache – weil Eltern beispielsweise ablehnend, gewalttätig oder desinteressiert reagieren – können Kinder ihre einzigartige empathische Grundausstattung verlieren. „Angst auslösende Stimuli und Stress bringen die Spiegelzellen zum Verstummen", sagt Bauer.

Empathiedefizite sind für Bauer Spiegelungsdefizite. Ein Kind, das im Gesicht der Mutter keine Anteilnahme lesen konnte, hat auch keine Anteilnahme gelernt, es fehlt ihm das neurobiologische Programm. „Kommt es in Konfliktsituationen zur Anwendung von Gewalt, erkennen diese Kinder oder Jugendlichen nicht, wenn Grenzen erreicht sind. Sie setzen die Gewalt auch dann fort, wenn die Situation schon klar entschieden ist, was häufig zu schweren Verletzungen, in Einzelfällen immer wieder auch zu Todesfällen führt."

Ohne Spiegelzellen wächst keine Intuition, keine Empathie, keine Menschlichkeit, keine Liebe. Die Folge sind seelisch deformierte Kinder, die auch als Erwachsene kaum fähig sind, menschliche Beziehungen als Quelle von Glück und Befriedigung zu erleben. Gewalt, Angst und Vernachlässigung zerstören Spiegelzellen, besonders dann, wenn sie wiederkehren. Angst essen Seele auf.

Das heißt nicht, dass die Tat von Katharina damit zu erklären oder gar zu entschuldigen wäre. Es erklärt aber ihre erschütternde Gefühllosigkeit, mit der sie ihre Freundin en passant tötete. Empathie- und Spiegelungsdefizite lassen sich auch später noch „zumindest bis zu einem gewissen Grad beheben", glaubt Joachim Bauer. Selbst in Jugendgefängnissen versuchen Psychologen, an etwaige Reste dieser Fähigkeiten anzuknüpfen. Eine wichtige Voraussetzung ist dabei die Selbstwahrnehmung, der Kontakt zu den eigenen Gefühlen.

Spiegelneuronen können nur in jenen Hirnarealen „feuern", die auch im Zusammenhang mit eigenen Empfindungen funktionieren. Leidet ein Mensch unter Höhenangst, kann jemand, der dieses Gefühl nicht kennt, vielleicht Verständnis oder Besorgnis aufbringen, oder sich aus moralischen Gründen verpflichtet fühlen, dem anderen aufmerksam zuzuhören, wenn er davon erzählt. Am stärksten mitfühlen kann er aber, wenn er das Gefühl selbst schon einmal erlebt hat.[92]

Deshalb ist es für die Empathieentwicklung so wichtig, dass Kinder lernen, ihre eigenen Emotionen zu spüren, sie zuzulassen, zu erkennen und zu unterscheiden, beispielsweise Ärger von Traurigkeit. Eltern sind ihren Kindern Vorbild im Umgang mit ihren eigenen Gefühlen. Denn wer sich seiner Gefühle schämt oder sie ignoriert, verlernt mit der Zeit, sie wahrzunehmen.

Kinder, die ihre Gefühle von ihren Eltern akzeptiert sehen und sich bei der Suche nach den Ursachen beispielsweise ihres Ärgers von den Eltern unterstützt fühlen, sind eher bereit, andere Kinder zu trösten und ihnen zu helfen.[93]

Auch bei der Regulierung von Kindergefühlen sind die Eltern das Vorbild, ob sie wollen oder nicht. Sie beeinflussen durch ihr Handeln maßgeblich die Fähigkeit ihres Nachwuchses zum Mitgefühl.[94] Väter, die hinterm Steuer regelmäßig explodieren, und Mütter, die unter Druck zum Brüllen neigen, sollten sich vergegenwärtigen, dass sie als Modell dienen – und besser tief durchatmen, als sofort mit ihren Emotionen auf Sendung zu gehen.

Übrigens sind Kinder aus den unteren Gesellschaftsschichten hinsichtlich des Mitgefühls nicht von vornherein benachteiligt. So lassen sich aus dem Einkommen der Eltern oder ihrem Bildungsstatus keine eindeutigen Vorhersagen über prosoziales Verhalten der Kinder treffen.[95]

Wichtiger als der wirtschaftliche Status sind Konflikte, die eine Familie belasten, wie Arbeitslosigkeit, Schulden, die Depression der Mutter oder eine Ehekrise der Eltern. Kinder aus konfliktbelasteten Familien wirken auf den ersten Blick oft wenig empathisch und reagieren eher teilnahmslos, beispielsweise auf die Probleme ihrer Freunde; oft verfügen sie nur über eingeschränkte Strategien, ihre Probleme anzugehen, sie sind aggressiv und unkontrolliert – weil es ihnen so vorgelebt wurde.

Aber man sollte sich davon nicht täuschen lassen. Gerade solche Kinder besitzen oft sehr feine Antennen und sind geradezu Profis darin, ihre Eltern zu trösten und ihnen zu helfen. Das liegt daran, dass sie der Familie weder entkommen, noch sich auf ihre Eltern als Beschützer verlassen können. Sie sind darauf angewiesen, selbst für ein erträgliches Klima zu sorgen und ihre Bedürfnisse nach Aufmerksamkeit und Zuwendung zu befriedigen. In der Schule oder im Kindergarten dagegen müssen sie nicht so perfekt funktionieren – entsprechend weniger fürsorglich handeln sie außerhalb der Familie.[96]

Auch Katharina hatte innerhalb ihrer Familie jahrelang gehorcht und „funktioniert". Ihre Gewichtszunahme und das Einnässen waren vermutlich Zeichen von passivem Widerstand. Nur im Kindergarten und später in der Schule, mit gehörigem Abstand zu ihrem tyrannischen Vater, konnte sie Druck ablassen. Dass dahinter nicht nur blanke Aggression, sondern seelische Not steckte, wurde freilich von ihren Erziehern und Lehrern lange Zeit nicht erkannt.

Dabei gab es immer auch die „andere" Katharina, ein intelligentes, strebsames Mädchen. Noch aus der Untersuchungshaft hat Katharina den Eltern von Nina einen Brief geschrieben, in ihrer kindlichen, ordentlichen Handschrift. Sie hat ein Foto von Nina in ihr Album geklebt und mit Blumen ummalt. Sie verspüre ehrliche Reue, glaubt ihr Anwalt. Sie erwarte kein Verzeihen. Aber möglicherweise wünscht sie sich das, was sie selbst nie gelernt hat: Mitgefühl.

6. „Ich konnte einfach nicht aufhören"

Auf der Anklagebank im Landgericht Marburg sitzen hinter einer Holzbalustrade vier junge Angeklagte, zwei Männer und zwei Frauen, die Jüngste siebzehn Jahre alt. Die Mädchen haben ihre Köpfe tief gesenkt und die Gesichter in den Händen vergraben, sie haben sich förmlich verkrochen. Nur der 20-jährige Patrick wirkt unbekümmert. Manchmal grinst er.

Patrick C. hat im Wesentlichen zugegeben, was die Staatsanwältin in ihrer Anklage vortrug. Dass er zusammen mit der 17-jährigen Nadine, der 22-jährigen Svenja und dem 22-jährigen Dominik einen Bekannten fast zu Tode getreten hat, aus purer „Lust an der Gewalt", wie die Staatsanwältin sagt. Dass sie den zierlichen Mario brutal schlugen und immer wieder auf seinen Kopf sprangen. Die Tritte hinterließen einen Schuhabdruck auf Marios Wange und auf seinem Schädel. Die Abdrücke trugen später dazu bei, die Täter zu identifizieren.

Der Richter hat ein Foto des Opfers vor sich auf dem Tisch. Er lässt es den Angeklagten reichen. Es zeigt einen jungen Mann im Rollstuhl, der einen Spezialhelm tragen muss, denn unter der Kopfhaut ist sein Schädelknochen offen. Mario hatte eine Hirnblutung und lebensgefährliche Schwellungen erlitten, die Ärzte mussten einen Teil der Schädeldecke entfernen, um ihm das Leben zu retten. Nach ein paar Tagen erwachte er aus dem Koma. Seine Prognosen sind schlecht, auch jetzt noch, neun Monate nach der Tat. Der Richter spricht davon, dass es Mario fast zu wünschen gewesen wäre, er hätte die Tat nicht überlebt. Mario ist halbseitig gelähmt, er kann sich kaum artikulieren. Er wird schwerstbehindert und ein Pflegefall bleiben. Er wirkt auf dem Foto schutzlos wie ein Vögelchen, das aus dem Nest gefallen ist, versunken in eine anderen Welt.

Als der Angeklagte Patrick C. das Bild sieht, zeigt er keine Regung. Schon am ersten Tag der Verhandlung fiel er durch sein provokantes Verhalten auf. Er grinste in die Kameras der Fernsehanstalten, raunzte: „Verpisst euch", er duzte den Richter. Nun, am dritten Tag, versucht er sich zu beherrschen. Manchmal flüstert er Nadine etwas ins Ohr. Die reagiert nicht.

Es ist eine zufällig zusammengewürfelte Gruppe, die sich laut der Anklageschrift am Abend des 24. Januar 2008 in der Wohnung von Patrick C. im hessischen Frankenberg trifft, einem Städtchen mit 20.000 Einwohnern. Svenja, ihr Freund Mario und ihre Freundin Nadine klingeln bei Patrick, weil die Mädchen mal dringend auf die Toilette müssen. Man kennt sich nur flüchtig, aber die drei bleiben noch auf einen Schluck, es gibt Bier und Wodka. Dominik, ein muskulöser Gerüstbauer und Kumpel von Patrick, schaut vorbei. Ein Abend wie viele für die fünf jungen Leute. Man trinkt und hängt ein bisschen herum.

Doch Svenja und Nadine sind an diesem Tag in schlechter Stimmung. Svenja, blasse Haut, rot gefärbtes Haar und wenig Selbstbewusstsein, wurde vor wenigen Tagen aus der Psychiatrie entlassen, wo sie wegen Depressionen behandelt wurde. Dort hatte sie sich mit Mario angefreundet, der wegen „innerer Anspannungen" ein paar Tage in der Klinik verbrachte.

So frisch die Beziehung ist, so heftig scheint sie. Mario

zieht sofort nach seiner Entlassung bei Svenja ein. Doch dort lebt schon Nadine. Für sie ist der neue Freund der Freundin ein ungebetener Eindringling, sie wäre lieber allein mit der fünf Jahre älteren Svenja. Es kriselt, „Anzickereien" nennen das die Mädchen. Svenja und Nadine haben beide eine Borderline-Störung in unterschiedlicher Ausprägung. Starke Gefühlsschwankungen, sprunghaftes Verhalten und die Angst vor dem Verlassensein sind typisch für diese Erkrankung, beide werden leicht eifersüchtig. Nadine ist verunsichert, was ihre Freundschaft zu Svenja angeht. Svenja ihrerseits ist sich ihrer neuen Liebe nicht sicher, sie hat den Verdacht, dass Mario insgeheim noch an seiner Ex-Freundin hängt. Es ist eine komplizierte Dreiecksbeziehung von drei instabilen Menschen.

An jenem Abend im Wohnzimmer von Patrick C. brechen diese Konflikte wieder auf, in neuer Konstellation: Die beiden Mädchen provozieren Mario. Der habe doch bloß eine große Klappe „und nichts dahinter", lästern sie. Svenja will Mario eifersüchtig machen. Die Mädchen flirten mit Patrick und Dominik, sie küssen sie, die Männer fangen an, Mario zu bedrohen. Mario geht, er will zu seiner Ex-Freundin.

Kurze Zeit später ruft ihn Svenja auf dem Handy an, sie drängt ihn, zurückzukehren. Als er tatsächlich wiederkommt, gibt sie ihm eine Ohrfeige, so heftig, dass die Umrisse ihrer Hand auf seiner Wange zu erkennen sind. Diese Ohrfeige muss auf die anderen wie ein Zündfunke gewirkt haben, auf Dominik, der bereits wegen Körperverletzung vorbestraft ist, und auf Patrick, der leicht ausrastet.

Dominik, der als Gerüstbauer jobbt, ist groß und kräftig, für ihn ist es ein Leichtes, den schmächtigen Mario festzuhalten, während Patrick Mario mit einem Messer am Hals bedroht. Sie zerren den Jungen ins Bad. Marios Freundin Svenja bleibt im Wohnzimmer sitzen. Sie hört von nebenan Schlaggeräusche, aber sie tut nichts. Sie sei starr vor Angst gewesen, sagt sie später in ihrer Vernehmung. Auch ihre Freundin Nadine ist im Bad, sie tritt zu, als Mario schon auf dem Boden des Badezimmers liegt. Als Svenja irgendwann doch zu ihrem Freund geht, erkennt sie, dass Mario „blutet wie eine Sau".

Die Schläger sind fürsorglich mit Svenja. Nadine, die weiß, dass ihre Freundin kein Blut sehen kann, nimmt sie in den Arm, um sie zu trösten. Dominik habe versichert, ihr werde nichts passieren, „nur dem Mario". Svenja gibt bei den Ermittlern zu Protokoll, sie habe sich ängstlich und zugleich „unheimlich wohl gefühlt". Sie tauscht Zärtlichkeiten mit den Männern. Die schleppen den halb ohnmächtigen Mario ins Wohnzimmer, setzen ihn auf einen Stuhl, Patrick und Dominik schlagen ihn mit den Fäusten vom Stuhl, immer wieder. Mario hat keine Chance gegen die Übermacht. Er kriecht in die Küche. Dort schubst ihn Nadine in eine Ecke und schlägt ihm eine Flasche auf den Kopf.

Svenja ist hin- und hergerissen zwischen dem Schreck und dem seltsamen Kick, „dass man jemanden so behandeln kann und er wehrt sich nicht", wie sie später zur Gutachterin sagt. Liegt es am Alkohol oder an ihrer psychischen Erkrankung? Sie bekommt jedenfalls zunehmend Lust, „selbst zu schlagen". Sie habe Mitleid mit Mario gehabt und sei zugleich wütend auf ihn gewesen.

Als Patrick und Dominik eine Zeit lang die Lust verlieren, tritt plötzlich Svenja auf ihren blutenden Freund ein, unterstützt von Nadine. Sie treten den vor Schmerz stöhnenden Mario auf den Kopf und zwischen die Beine. Bis Patrick erklärt, er zeige ihnen jetzt mal, wie man das „richtig" macht – mit der Innenseite des Fußes gegen den Kopf. Svenja und Nadine tun es ihm nach.

Die vier seien im Laufe der Nacht „immer aggressiver und brutaler" geworden, heißt es in der Anklageschrift. Irgendwann bekommt die Quälerei fast rituelle Züge. Da liegt Mario längst am Boden. Alle vier stehen um ihn herum, sie halten sich im Arm. Sie treten zu, sie wechseln die Position. Irgendeiner bemerkt, dass der blutende Mario merkwürdig atmet. Seine Pupillen sind stark geweitet. Dominik sagt, er müsse morgen arbeiten, er gehe jetzt lieber. Als er draußen ist, springt Patrick noch mal auf Marios Kopf, er springt einmal, zweimal, dreimal, mit einer Drehbewegung, wie sie Skater auf Asphalt machen. Nadine macht sie ihm nach, auf Marios Kopf. Sie glauben, Mario sei tot und das ist er auch beinahe. Patrick sagt, er wolle „keine Leiche" in seiner Wohnung. Er lädt den Bewusstlosen auf den Rücken, schleppt ihn zu einem nahen Abfallcontainer, legt ihn dort ab. Sie rufen die Polizei und verschwinden.

Patrick C. weiß bis heute keine Antwort auf die Frage, was ihn in jener Nacht getrieben hat. Er hatte keinen Streit mit Mario, er kannte die Mädchen nur flüchtig. Warum wurde er zum Brutalsten unter den vier Angeklagten? „Es gibt keine Erklärung", sagt sein Anwalt Sascha Marks. Im Gespräch mit der psychiatrischen Gutachterin gibt sich Patrick locker, manchmal fast clownesk. Er behauptet, er sei „fast unschuldig, zumindest nicht allein schuldig". Patrick C. habe „den Ernst des eigenen Handelns nicht erkannt", glaubt Gutachterin Beate Eusterschulte.

Wenn es schon kein Motiv gab, gab es dann einen anderen Antrieb, einen Menschen beinahe totzutreten?

Hätte einer allein genau so gehandelt? Höchst wahrscheinlich: Nein. Die Gruppendynamik, gepaart mit schweren psychischen Problemen der Angeklagten, spielte in Frankenberg eine Schlüsselrolle, mit Patrick C. als Hauptfigur.

Die Psychiaterin Beate Eusterschulte, die die Persönlichkeit des Angeklagten ergründen sollte, bezeichnet ihn als „psychopathische und antisoziale Persönlichkeit", als einen gewissenlosen Menschen also, der kein Schuldbewusstsein hat und unfähig ist, aus Erfahrungen zu lernen. Es ist eine Diagnose, an der man sich oberflächlich festhalten kann, aber erklärt sie, warum ein Mensch das Gesicht eines anderen als Schuhabtreter benutzt?

Patrick C. hat einen IQ von 76, er ist nicht schwachsinnig, aber intellektuell schwach begabt und unreif, sagt Verteidiger Sascha Marks. Irgendwann in diesem Verfahren stammelt Patrick eine Entschuldigung. Sie klingt nicht wirklich überzeugend. Der Mario habe ihm „immer leid getan", zumal das Opfer „so schwer geschädigt" sei, außerdem sitze er selbst jetzt „tief in der Kacke", sagt er der Gutachterin. Ob er aufrichtig ist, ob er wirklich versteht, was er getan hat? Das kann nicht mal sein Anwalt mit Sicherheit sagen. „Er weiß um die Konsequenzen für das Opfer, aber welche Schlüsse er daraus zieht, das weiß man nicht." Für die Erwachsenen ist dieser junge Mensch wie ein trüber Tümpel. Undurchschaubar.

Im Zuschauerraum des Landgerichts sitzt eine kleine, korpulente Frau mit ausdrucksvollen Augen und karottenrotem Haar. Sie wirkt aufgewühlt, reibt sich immer wieder ratlos das Kinn. Es ist Patricks Mutter. Das Gericht befragt sie nicht als Zeugin. Zur Aufklärung der Tat ihres Sohnes, die sie für „unfassbar" hält, könnte sie nichts beitragen.

Wohl aber kann sie verständlicher machen, warum ihr Sohn der wurde, der er ist.

Davon erzählt sie in der Kantine des Marburger Landgerichts. Patrick ist das dritte von vier Kindern, er kommt 1988 zu Welt, ein Jahr nach den Zwillingsschwestern. Der Vater arbeitet als Maler und Verputzer, die Mutter hat die Realschule besucht und danach eine Ausbildung zur kaufmännischen Angestellten gemacht. Man bringt es zu bescheidenem Wohlstand, wohnt im eigenen Häuschen in einem Dorf mit 800 Einwohnern. Die Mutter erzählt von einer fast ungetrübten Kindheit. Die Kinder lieben die Ausflüge mit dem Vater in den Wald, man sammelt Pilze, sie gehen angeln und schwimmen.

Patricks Mutter wirkt nicht wie eine, die ihr Kind emotional hätte hungern lassen. Sie spricht klar, überlegt, sie wirkt mütterlich. Aber an diesem Kind ist sie schon früh gescheitert. Patrick lernt später laufen und sprechen als andere Kinder. Patrick ist nicht so fix wie seine Schwestern, von denen eine heute Biologie studiert. Seine Mutter beschreibt Patrick als Mamakind, aber auch als frühen Einzelgänger. Er findet keine Freunde. Wenn dennoch ein paar Jungs zu seinem Geburtstag kommen, will er sie nicht in sein Zimmer lassen. „Er hätte es am liebsten gehabt, dass sie die Geschenke abgeben und wieder gehen."

Die Schwestern, mit denen er gern spielen würde, genügen sich selbst. „Jetzt sitz doch nicht wie ein Hund vor ihrer Tür", sagt seine Mutter manchmal. Patrick reagiert seinen Frust mit Hauen und Beißen ab. Dann muss er auf sein Zimmer. „Die Tür zuzumachen, das war die größte Strafe für ihn", erinnert sich seine Mutter. Ausgeschlossen zu sein.

Er hat früh Probleme mit Autoritäten, schon mit den Erzieherinnen im Kindergarten. In den Kindergarten geht er widerwillig, erst recht, als der kleine Bruder, das Jüngste der vier Kinder, zur Welt kommt und ihm, dem Dreijährigen, zu Hause seinen Platz streitig macht.

Schon in den ersten Monaten in der Schule weigert sich Patrick, seinen Schulranzen aufzumachen. Die Hausaufgaben sind begleitet von Heul- und Schreianfällen. Er ist Legastheniker, hat Mühe, Wörter mit – „sch" auszusprechen, er lässt sich leicht ablenken. Er wird zum Logopäden geschickt und zum Ergotherapeuten. Anfang der zweiten Klasse muss er in die erste Klasse zurück.

Als Patrick sieben ist, gibt ihm sein Vater erstmals ein Radler zu trinken. „Sag Mama nichts, sonst schmeißt sie mich raus", soll der Vater seinen Sohn angefleht haben, wenn er gerade wieder trank, erzählt die Mutter. Ihren Mann schildert sie als gutmütigen Vater ihrer Kinder. Aber er stammt aus einer Alkoholikerfamilie und er trinkt, erst mäßig, dann immer mehr. Wenn er getrunken hat, legt er sich ins Bett. Die Eltern streiten sich, wenn die Mutter wieder mal Alkohol in seinem Werkzeugkeller entdeckt. Dort hortet er Schnaps, Bier, Wodka.

Der Alkohol wird immer häufiger zum Anlass für Streit zwischen den Eltern. „Mein größter Fehler war, dass ich das alles so lange mitgemacht habe", glaubt die Mutter. Sie hätte sich viel früher trennen müssen, dann wäre Patrick vielleicht nicht auf dieses Gleis geraten. Er wird der Vertraute des Vaters. Längst trinkt der Schnaps statt Bier und Patrick bekommt immer wieder mal etwas ab. Mit neun hat er, angestiftet vom Vater, seinen ersten Vollrausch, danach muss er sich übergeben.

Er ist das schwarze Schaf in der Geschwisterreihe, irgendwo zwischen den Schwestern und dem kleinen Bruder. „Er hat sich zurückgesetzt gefühlt, er war der Rebell", sagt die Mutter. Er hält sich an den Vater, opponiert gegen die Mutter. In der Schule gibt Patrick den Klassenclown oder den Berserker. Seine Legasthenie habe ihm auch als Ausrede gedient. „Ich schaff` das sowieso nicht." In der dritten Klasse wird er wegen seiner häufigen Wutausbrüche in der Kinderpsychiatrie behandelt, ohne Erfolg. Nach der vierten Klasse wechselt Patrick auf die Sonderschule.

Nur beim Voltigieren auf dem Pferd hat er Erfolg, er zeigt gutes Körpergefühl, schafft sogar einen Radschlag vom Pferd. Aber auch mit der Trainerin fängt er Streit an, muss in der Ecke sitzen. Bei der Konfirmation der Schwestern fällt er durch notorisches Stören auf. Ganz anders auf der eigenen Konfirmation ein Jahr später, „da war er ein Traumkind, der höflichste Mensch der Welt", schwärmt die Mutter. „Er sah toll aus in seinem Anzug." Endlich steht er im Mittelpunkt.

In dieser Zeit erleidet die Mutter einen Herzinfarkt. Sie will sich schon lange von ihrem Mann trennen, doch „ich dachte, die Kinder sind zu jung". Jetzt, noch im Krankenhaus entscheidet sie sich. Der Mann zieht ins obere Stockwerk des Häuschens und dann in eine eigene Wohnung.

Für den 14-jährigen Patrick ist die Trennung eine Katastrophe. Er bleibt wie die Geschwister zunächst bei der Mutter. Der „arme Papa" sei jetzt allein, so empfindet er es. Er schwänzt die Schule, denn die Schule sei „für den Arsch". Er klaut der Mutter Geld und Zigaretten. Die Mutter beschützt den kleinen Bruder vor ihm, sie achtet darauf, dass er nicht mit ihm alleine ist, „ich hatte Sorge, dass er ihm Alkohol gibt". Er umgibt sich mit „komischen Freunden", sagt die Mutter. Mit ihnen schließt er sich in sein Zimmer ein, trinkt, kifft. Er säuft auch mit einem Nachbarn. Er, der „nüchtern schon sehr reizbar ist", wie die Gutachterin feststellt, kann dann schnell ausrasten. Er schlägt den Nachbarn zusammen, doch der verzichtet auf eine Anzeige. Er schlägt einen gleichaltrigen Jungen brutal ins Gesicht, der erleidet Prellungen. Der 14-Jährige wird wegen gefährlicher Körperverletzung zu 50 Arbeitsstunden in sozialen Einrichtungen verurteilt. Einen Teil davon schwänzt er, er muss vier Tage in den Jugendarrest. Als er herauskommt, ist er beeindruckt. „Nie wieder", sagt er.

Es gibt auch eine andere Seite von Patrick. Als er ein Praktikum im Kindergarten macht, bekommt er viel Lob dafür, wie er mit den Kleinen spielt. Er ist in Tiere vernarrt, „rettet" Feldmäuse, versteckt die trächtige Katze in seinem Zimmer, weil er unbedingt will, dass sie ihre Jungen bei ihm bekommt.

Doch diese Seiten kann er gut verbergen. „Ich habe nie herausgekriegt, warum er so ist, wie er ist", sagt seine Mutter. Er habe schon von klein auf Angst gehabt, weniger vor Menschen als vor Situationen, die neu für ihn waren. „Wenn er Brötchen holen sollte, hat er so lange rumgenörgelt, bis eine von den Schwestern mitging." Selbst zu seinem ersten Betriebspraktikum wollte er nicht allein fahren.

Die Mutter erwartet von den Kindern Mithilfe im Haushalt. Patrick hat die Aufgabe, den Müll runterzutragen, er macht es nicht. Stattdessen plündert er den Kühlschrank und schleppt das Geschirr in sein Zimmer. Irgendwann platzt der Mutter der Kragen. Sie fordert ihn auf, zu seinem Vater zu ziehen: „Ich halte das nicht mehr aus."

Der lebt allein in einer Zweizimmerwohnung, ist seit der Trennung arbeitslos und versinkt immer tiefer im Alkohol. Aus dem freundlichen Trinker, wie ihn seine Frau beschreibt, wird ein verbitterter alter Mann. Die Wohnung ist verwahrlost. Nach einem halben Jahr lässt das Jugendamt Patrick herausholen. Doch er will zurück zu seinem Vater. Er sei der Einzige, der sich um den Vater kümmere, sagt er, der Rest der Familie wolle nichts mehr von ihm wissen. Und außerdem könne er bei ihm „machen, was ich will". Dort gebe es keine Regeln.

Patrick trinkt mit dem Vater, aus Langeweile, aus Solidarität. Schnaps, billigen Wodka. Den Vater, den keiner mag, hat er für sich allein, den macht ihm keiner streitig. Doch der Vater kann mit zunehmendem Alkoholpegel bissig werden, und weil kein anderer da ist, streitet er mit dem Sohn, dem fleischgewordenen Symbol seines Versagens, manchmal gehen sie dann aufeinander los. Der Sohn hat keinen Plan und hält sich an keinen Plan. Eine Therapie, wie es die Mutter verlangt, lehnt er ab, genauso wie der Vater. Er habe kein Alkoholproblem. Als er 17 ist, gilt seine berufliche Förderung als „gescheitert". Kein Betrieb will ihn nehmen, auch nicht zum Praktikum. Er soll in eine Klinik, zu einer Entgiftung. Nach ein paar Tagen ist er wieder zu Hause beim Vater.

Er hat kein eigenes Bett, er schläft neben dem Vater. Der bekommt immer wieder Zitteranfälle, zeigt „schwerste Ausfallerscheinungen". Einmal will der kranke Mann nur mit Unterwäsche bekleidet und einer Tragetasche in der Hand einkaufen gehen. Ob es richtig ist, dass seine Körperpflege gegen Null ging, wird Patrick vom Richter gefragt. Er sagt leise: „Ja." Der Sohn schläft irgendwann im Badezimmer, weil er die Nähe zum Vater nicht mehr aushält. Aber er lässt ihn nicht allein.

Sie leben von Hartz IV, geben das Geld für Alkohol aus, bis es ihnen einige Monate lang gestrichen wird. Patrick klaut Kartoffeln vom Feld, sie stehlen in Geschäften, durchsuchen Biomülltonnen nach Essbarem. Sein Jugendgerichtshelfer bezeichnet den 17-jährigen Patrick als „ängstlich, zurückhaltend, misstrauisch". Als er vorübergehend in ein Heim kommt, sei er dankbar gewesen für regelmäßige Mahlzeiten und „ehrliches Interesse an seiner Person". Aber es hält ihn dort nicht. Er haut ab und kehrt zum Vater zurück.

Im August 2006 will er mit dem Vater vor einer Schutzhütte grillen, es kommt mal wieder zum Streit. Der Vater schimpft ihn Versager, Blödmann, Idiot, Arschloch. Er gehe ständig an den Kühlschrank und fresse zu viel. Eine schlechte Angewohnheit von Patrick, sagt seine Mutter. Er raffe alles an sich und schleppe das Essen in sein Zimmer, selbst wenn es dort schlecht werde. Vater und Sohn gehen aufeinander los. Patrick schlägt seinem Vater die Faust ins Gesicht, der blutet. Der Sohn geht nach Hause und lässt den Alten allein am Grillplatz zurück. Am nächsten Morgen kehrt er zurück und findet den alten Mann verwirrt, zitternd. Er bringt ihn in seine Wohnung, legt ihn aufs Sofa. Patrick verlässt das Haus. Als er zurückkommt, ist der Vater tot.

Er ist sicher, er hat Schuld, er hat den Vater erschlagen. Doch er bekommt nur eine Anzeige wegen unterlassener Hilfeleistung, die wird später eingestellt. „Für mich hast du eine Mitschuld", sagt die Mutter. Eine Weile versucht er zu funktionieren. Er schlägt sich mit einem Ein-Euro-Job durch, kehrt den Sportplatz. Dann trinkt er wieder, manchmal zwei Flaschen Wodka am Tag, und lässt sich krankschreiben.

118

Patrick C. beteuert vor dem Richter, er wolle im Gefängnis eine Alkoholtherapie machen, er wolle nicht so enden, wie sein Vater. Er grinst dazu unsicher. In Untersuchungshaft trete er als eine Art „Robin Hood" auf, sagt sein Anwalt, er schlug beispielsweise einem Mithäftling aufs Ohr, weil er einen Mitgefangenen vergewaltigt haben soll. „Dieses Mal hab ich was Gutes gemacht", berichtete er darauf stolz seiner Mutter. „Was soll daran gut sein, wenn du einen anderen schlägst?", fragte sie ihn. Er sei bemüht, anderen zu helfen, sagt sein Jugendgerichtshelfer, aber auf eine völlig schräge Weise. Nämlich „aus einem Gefühl der Ohnmacht und permanenten Unterlegenheit" heraus nur mit Gewalt und Machtdemonstrationen, nach dem Motto: Ich hau dir auf die Fresse, dann wirst du schon kapieren, was du falsch gemacht hast.

Dieser Logik folgend, hätte Patrick an jenem Januarabend eigentlich Mario beistehen müssen, als der von seiner Freundin geschlagen wurde, zumal er sich nach der Tat erstaunt zeigte, dass „Frauen so gewalttätig sein können". Warum aber stürzte er sich auf den erkennbar schwächeren Mario, warum zeigte er, „wie man es richtig macht?"

Es ist eins der Rätsel, die das Gericht nicht klären kann. Am ehesten wohl Patrick selbst. „Ich weiß schon, dass es falsch war, was wir gemacht haben", sagte er zu seiner Mutter. „Du warst der Anführer, du warst der Chef, warum hat du nicht „Schluss!" gesagt?", fragte sie ihn. Er: „Es ging nicht, ich konnte einfach nicht aufhören."

Der Diplompsychologe Claus Koch[97] unterscheidet zwei Arten von mangelndem Mitgefühl: Den „primären Empathieverlust" bei Kindern, die zu Beginn ihres Lebens keine

Zwiesprache mit der Mutter erleben, die Sprache des Herzens also erst gar nicht gelernt erlernt haben. Mangels solcher Erfahrungen griffen die Kinder auf archaische Reaktionsmuster zurück, auf unkontrollierte Gewalt, hinter der sich „die blockierte Kindheitserinnerung an einen erlittenen Schmerz" verberge. Manche zeigten eine extreme Frauenfeindlichkeit.

Von einem „sekundären Empathieverlust" spricht Koch bei Kindern, die in den ersten Lebensjahren zwar durchaus eine sichere Bindung erfahren haben, in der Folgezeit aber durch Gewalt, Missbrauch, übertriebene Härte oder Vernachlässigung verunsichert wurden. Dazu gehören auch ständige Konflikte, beispielsweise wenn Eltern sich trennen und sich dabei gegenseitig ständig abwerten – ein Problem, das in allen Schichten vorkommt. Solche Kinder, so der Psychologe, fallen aus dem gewohnten Rahmen ihrer Geborgenheit und entwickeln schwere Ängste, die wiederum dafür sorgen, dass sie sich mit dem Aggressor in der Familie identifizieren. Das Opfer hasst sein eigenes Opfersein und will deshalb andere zu Opfern machen. Für Täter mit solch einem Hintergrund – zu denen man wahrscheinlich auch Patrick zählen kann – spielt die Solidarität innerhalb der Tätergruppe eine wichtige Rolle.

Verhängnisvolle Gruppendynamik

Wie wirkt die Gruppe auf die Empathie des Einzelnen? Dazu brachte schon das legendäre „Stanford-Prison-Experiment"[98] im Jahr 1971 interessante Erkenntnisse. Der amerikanische Psychologe Philip Zimbardo hatte gegen eine kleine Entlohnung durchschnittliche Studenten für sein psychologisches Experiment rekrutiert. Sie wurden nach dem Zufallsprinzip zu „Gefangenen" gemacht, die in einem Keller in der Universität von ebenso zufällig ausgewählten „Wärtern" bewacht werden sollten.

Die Machtverhältnisse waren von vorne herein klar. „Gefangene" mussten Kittel mit Nummern tragen und bekamen Strumpfmützen übergestülpt, Wärter trugen Uniform, Schlagstöcke und verspiegelte Brillen, die keinen Augenkontakt ermöglichten. Eine Depersonalisierung also auf beiden Seiten. Obwohl allen Teilnehmern anfangs klargemacht wurde, dass es sich um eine Versuchssituation und nicht um ein reales Gefängnis handelte, eskalierte die Situation schon nach wenigen Tagen. Ein Drittel der Bewacher zeigte sadistische Tendenzen, misshandelte „Gefangene" in der Nacht, wenn sie keine Kamerabeobachtung vermuteten, riss beispielsweise Häftlinge aus dem Schlaf oder ließ sie mit bloßen Händen Toiletten putzen. Die „guten Wärter" ließen die „bösen" gewähren, griffen nicht ein.

Das Häftlingsexperiment in der Universität von Stanford zeigt auf drastische Weise, wie mächtig Gruppendynamik auch auf normale, mitfühlende Menschen wirkt. Das Böse, mussten die geschockten Teilnehmer erkennen, steckt in jedem von uns, und sei es in Form von Passivität und Wegschauen. Verwundert da noch, wenn die Gruppendynamik bei schwachen Persönlichkeiten wie Patrick, Svenja, Nadine und Dominik eine besonders wichtige und verhängnisvolle Rolle spielt?

Die Gleichaltrigen, die Peergroup, spielt bei schweren Straftaten von Jugendlichen – Raub, Vergewaltigung, Körperverletzung, Mord – oft die treibende Rolle. Obwohl der

Einzelne genau weiß, „das tut man nicht", schafft er es nicht, sich gegen die Gruppe zu stellen und geht stattdessen ein extrem hohes Risiko ein.

Eine vergleichbare Situation gab es auch beim sogenannten Betonmord[99] im schwäbischen Rommelshausen, als Sessen, eine 16-jährige Schülerin, einen Nachbarsjungen auf eine Wiese lockte, wo ihr 18-jähriger Freund Deniz und dessen Kumpel Roman lauerten. Die beiden überfielen den Gymnasiasten und prügelten ihn zu Tode, weil Deniz in ihm – zu Unrecht – einen Rivalen vermutete. Der Kumpel half, den Leichnam danach zu zerteilen und in betongefüllten Kübeln im Fluss zu versenken. Mit Ausnahme des krankhaft eifersüchtigen Deniz hatte niemand ein Motiv für die bizarre Tat. Allenfalls falsch verstandene Freundschaft. Er lasse doch seinen Freund nicht im Stich, erklärte Roman vor Gericht.

Warum hat auch hier keiner: „Schluss jetzt!" gerufen? Warum schaute die 16-jährige Sessen weinend zu, wie ihr Freund mordete, anstatt schreiend davonzulaufen?

Warum holte die 22-jährige Svenja in jener Nacht in Frankenberg keine Hilfe für ihren schwer verletzten Freund, obwohl sie es objektiv gekonnt hätte? Warum fing sie stattdessen an, selbst zu treten?

Dieses plötzlich so brutale und mitleidslose Verhalten wirkt absurd, völlig unverständlich. Es lasse sich aber „ein Stückweit über die Gruppendynamik erklären", sagt Lorenz Böllinger, Kriminologe und Psychotherapeut an der Universität Bremen. Es ist die Geschichte vom Wolfsrudel: Es gibt einen Anführer, Mitläufer – und den Schwächsten, das Opfer. Jeder bringt seine Disposition, seine Vorgeschichte und Anfälligkeit mit.

Mario wurde von seiner Freundin durch die Beschimpfungen negativ markiert, zum Sündenbock gemacht. Patrick C. steigt darauf ein. Auf Mario kann er die eigenen Schwächegefühle projizieren. Mario ist „schlecht" – weil seiner neuen Freundin untreu. Er und die anderen empfinden sich dagegen als gut. Diese Verzerrung der Tatsachen zeigt sich schnell bei jedem in der Gruppe. Daraus zieht jeder Stärke für sich selbst und daraus wird an diesem Abend eine Abspaltung von der Realität, ein Wahn, der in einem triebhaften Rauschzustand gipfelt. Das Opfer hat der Übermacht der anderen nichts entgegenzusetzen. „Wie ein Mensch bloß so wehrlos sein kann", das verwundert Svenja – und das macht ihr Lust, selbst mitzuschlagen. Möglicherweise spielt auch erotische Anziehung zu den Tätern eine Rolle. Svenja findet bei Patrick und seinem Kumpel, was sie offensichtlich sucht: das Gefühl von Schutz und Geborgenheit.

Die Gruppendynamik habe in diesem Fall aus „vermutlich nicht generell zur Gewalttätigkeit neigenden Menschen herzlose, verrohte Schläger" gemacht, glaubt Rudolf Egg, Leiter der kriminologischen Zentralstelle in Wiesbaden.[100] Es sei viel einfacher gewesen, mitzumachen, als sich gegen die Gruppe zu stellen.

Gruppendynamik wirkt offenbar wie das Mischen von Schwarzpulver: Die einzelnen Zutaten können so harmlos sein wie Holzkohle, in der Verbindung werden sie hochexplosiv: Die Mädchen sind die Zündfunken. Patrick wirkt wie ein Brandbeschleuniger.

In den Neunzigerjahren gelangte die amerikanische Autorin Judith Harris mit einer provokanten These in die

Schlagzeilen: Eltern, behauptete die Mutter von zwei Töchtern, überschätzten ihren Einfluss auf die Persönlichkeit ihrer Kinder. Tatsächlich gehe der gegen Null[101], sie seien „austauschbar wie Fabrikarbeiter".[102] Ihre Kinder würden maßgeblich von den Genen geprägt, den Rest aber besorgten die Gleichaltrigen. Die Aufregung war groß, konterkarierte Harris doch sämtliche erzieherischen Bemühungen der Erwachsenen. Ihre Botschaft an Eltern und Pädagogen lautete: Ihr könnt nichts ändern. Das Kind entwickelt sich auch ohne euch!

Noch immer ist der Streit um „nature or nurture", den Einfluss von Biologie oder Erziehung, nicht geklärt. Inzwischen hat sich aber der Standpunkt durchgesetzt, dass es ein Zusammenspiel von Erbfaktoren einerseits und Umwelt und Erziehung andererseits gibt, die ähnlich stark wirken. Unterschätzt wurde aber zweifellos lange Zeit der – positive wie negative – Einfluss der Gleichaltrigen gerade beim sozialen Lernen.

Das beginnt schon auf dem Spielplatz, wenn Kinder erste Koalitionen schmieden, um den Matschetümpel zu besetzen oder andere von der Wasserpumpe zu verjagen. Im Umgang mit Gleichaltrigen lernen Kinder nicht nur eigene Emotionen kennen – Wut, Freude, Befriedigung beispielsweise – sie erfahren vor allem, wie andere Kinder auf ihre Gefühlsäußerungen reagieren.[103] Wichtig ist, dass sie zumindest eine Freundschaft haben, die „gegenseitig" ist. Kinder, die keine Freunde haben, handeln grundsätzlich weniger prosozial als Kinder mit Freunden.

Die gegenseitige Prägung beginnt früh. Kinder bestrafen sich sehr wirksam – und oft auch sehr streng – für unangemessenes Verhalten. Das beginnt schon im Vorschulalter, wie Nancy Eisenberg in ihrer Langzeitstudie herausfand: Helfen sich Kinder gegenseitig, ernten sie dafür von den anderen Kindern Dank und Anerkennung, die sie als Belohnung empfinden. So lernen sie, dass Helfen auch für sie selbst etwas Schönes ist. Daraus ergibt sich ein positiver Kreislauf: Sozial kompetente Kinder dienen als Modell für andere Kinder, die deren Handlungen nachahmen. Das nachgeahmte prosoziale Verhalten wird durch Belohnung gefestigt und dient wiederum als Modell für andere. Ein Engelskreis.[104]

Genau das gleiche passiert aber auch umgekehrt: Unter Kindern und Jugendlichen, die wenig mitfühlend sind, und unter denen Schlagen, Hänseln oder Stehlen mit Anerkennung belohnt wird, entwickelt sich ein ähnlicher Kreislauf durch Verstärkung und Modelllernen. Ein Teufelskreis.[105]

Solche Abgrenzungen gibt es schon sehr früh. Ein Team um Richard Fabes, Professor für Entwicklungspsychologie an der Arizona State University, stellte in einer Beobachtungsstudie fest, dass sich prosoziale und wenig prosoziale Kinder schon im Alter von vier Jahren stark voneinander abgrenzen. Nur fünf Prozent der von ihm beobachteten Begegnungen und Gespräche der Kinder fanden zwischen diesen beiden Gruppen statt, zu 95 % blieben die Gruppen schon im Vorschulalter unter sich.[106] Kinder ähnlicher Denkart tun sich also schon früh zusammen, sie wählen ähnlich gesinnte Freunde, die ihre Haltung wiederum verstärken.

Das Landgericht Marburg verurteilte Patrick C. im November 2008 zu elf Jahren Haft wegen schwerer Körperverletzung. Der Verteidiger ging in Revision. Das Verfahren gegen seinen Kumpel Dominik wurde getrennt verhandelt. Die beiden Mädchen müssen auf unbestimmte Zeit in die geschlossene Psychiatrie.

Patrick C. hatte den Richter um eine Alkoholtherapie gebeten. Er wisse, dass der Entzug Jahre dauern werde, er trinke schon so lange, „das kann man nicht in ein paar Monaten rückgängig machen", erklärte er mit unsicherem Grinsen dem Richter. Auch mit „allem anderen" – gemeint war sein sonstiges Verhalten – habe er „ein Problem".

Doch die Gutachterin hielt Patrick nicht für alkoholkrank. Deshalb bekam er keine Alkoholtherapie als Auflage. Offen ist, ob er eine Sozialtherapie machen wird, in der er sich mit seiner Tat und seiner Verantwortung auseinandersetzen müsste (s. hierzu auch Kap. 10). Sollte er untherapiert das Gefängnis verlassen, „fast unschuldig", wie er sich nannte, so wäre das eine weitere Tragödie dieses Falls.

„Weißt du wie alt ich bin, wenn ich rauskomme?", fragte er seine Mutter, die ihn im Gefängnis besucht. Einunddreißig. „Mein ganzes Leben besteht aus Hoffen", seufzt Patricks Mutter. „Hoffen, dass er sich ändert."

Zur Zeit sieht es nicht danach aus. Patrick sucht Anschluss im Erwachsenenknast, eine neue Peergroup. Er braucht jemand, der ihn schützen kann. Über Mario, sein Opfer, das er so zugerichtet hat, hat er kein Wort mehr verloren. Der sei ihm egal, hat er mehrmals erklärt. Seine Mutter hat die Bilder von Mario gesehen und kann die Eltern verstehen. „Wenn du an Marios Stelle gewesen wärst, würde ich die Todesstrafe fordern", hat sie Patrick erbost gesagt. Doch darüber, über Schuld, will Patrick nicht reden. So sei er eben nun mal, böse, sagt er.

Für die Zeit nach seiner Entlassung hat Patrick schon einen Plan. Er will, sagt er, zur nächsten Tankstelle gehen und sich einen Sixpack Bier holen.

7. „Alle fanden die Aufnahmen voll witzig"

Die Filme kursierten tagelang unter den Schülern an der Hauptschule. Sie zeigten zwei Mädchen aus der neunten Klasse. Cindy, die ihrer Klassenkameradin ins Gesicht schlug – so heftig, dass Jennifer das Blut aus der Nase lief, sie das Gleichgewicht verlor und stürzte. Zum Schluss trat Cindy Jennifer in die Nieren. Drei Mitschüler filmten die Attacke an der Bushaltestelle mit ihren Handys. Sie feuerten Cindy an: „Los! Hau ihr aufs Maul!"

Cindy, 16, selbstbewusst mit blondem Seitenscheitel und mit Blumenmustern auf den bemalten Fingernägeln, sitzt zu Hause am Esszimmertisch. Sie serviert Kaffee. Dann steckt sie sich eine Zigarette an. „Ich war stolz auf diese Filme", gibt sie unumwunden zu. „Alle haben sie gesehen, alle fanden sie voll witzig! Und alle haben gelacht!"

Die 30 Stunden sozialer Arbeit, zu der sie der Amtsrichter nach der Prügelei verdonnert hat, sind längst abgeleistet. Schmerzhafter fand sie, dass die Schule ihr verbot, an der Abschlussfahrt ihrer Klasse nach Berlin teilzunehmen. Gegen die drei aus ihrer Klasse, die gefilmt hatten, ermittelte die Polizei zunächst ebenfalls, wegen Anstiftung zu einer Straftat und unterlassener Hilfeleistung. Die Verfahren gegen die beiden Mädchen und den Jungen wurden aber eingestellt. Die Sache ist erledigt. Eine Aussprache mit Jennifer gab es nicht.

Cindy sieht Jennifer nicht mehr. Sie besucht jetzt eine andere Schule. Es sei blöd gewesen, was sie damals gemacht habe, räumt Cindy heute ein. Die anderen hätten sie mit ihren Rufen angestachelt. Aber dennoch, Jennifer habe es nicht anders verdient, schiebt sie trotzig hinterher. Die habe sie provoziert. Und die Schmerzen? „Ist mir doch egal, was Jennifer dabei gefühlt hat", sagt Cindy unwirsch.

Jennifer wohnt ein paar Dörfer entfernt. Ein Mädchen mit rundlichem, friedlichem Gesicht. Im schwarzen Haar trägt sie eine rotgefärbte Strähne. „Sie ist anders als andere", sagt ihre Mutter. Jennifer ist ein bisschen schwerfällig, hat motorische Defizite, kommt im Sportunterricht nicht mit. Sie leidet unter Konzentrationsproblemen.

Jennifer und Cindy sind schon seit der fünften Klasse beste Feindinnen. Cindy war die Chefin einer Mädchenclique, sie hatte das Sagen in der Klasse. Ihr Lieblingsopfer war Jennifer. „Du bist fett und doof", bekam sie zu hören. Oder: „Du stinkst." Besonders Cindy habe an ihr rumgenörgelt, berichtet Jennifer. Mit elf Jahren rasierte sich Jennifer die Achselhaare, um von der Clique nicht als „Drecksau" beschimpft zu werden.

Irgendwann fand sie heraus, dass auch ihre Peinigerin Schwachpunkte hatte. Sie provozierte Cindy mit Worten. „Fick dich doch, du Schlampe." Und: „Schlag mich doch!" Immer wieder mussten beide zum Rektor, wenn sie sich gestritten oder geprügelt hatten. Die Ermahnungen, sich wieder zu vertragen, fruchteten nichts. In der neunten Klasse wurde der Zickenkrieg noch ärger. Cindy schlug Jennifer mit der Faust ins Gesicht, Blut floss. Den Lehrern erzählten sie nichts. Zwei Wochen später aber kam es zur Eskalation. Nach dem Schwimmunterricht standen die Schülerinnen an der Bushaltestelle. Es ging um die Zimmerverteilung bei der Abschlussfahrt nach Berlin. Niemand wollte mit Jennifer das Zimmer teilen. Jennifer reagierte sauer, beschimpfte Cindy vor den anderen als „Hurentochter". Die rastete aus, „weil sie meine Familie beleidigt hat", sie prügelte auf ihre Gegnerin ein. Die Clique feuerte Cindy an. Und filmte.

Jennifer hatte danach am ganzen Körper blaue Flecken. Sie schämte sich so, dass sie zu Hause schwieg. Als sie der Mutter schließlich doch davon erzählte, hat sie „nur noch geheult". Die Eltern erstatteten Anzeige.

Derweil kursierten an der Schule die Handyaufnahmen. Jennifer ist sich sicher, dass alle gesehen haben, wie sie gedemütigt wurde. „Ich hatte Angst, wieder in die Schule zu gehen. Ich hatte Panik vor jeder Busfahrt."

Happy Slapping

„Happy Slapping", (übersetzt etwa: „fröhliches Dreinschlagen"), bezeichnet das Filmen einer Körperverletzung, meistens mit dem Handy. Das Video wird anschließend von Mobiltelefon zu Mobiltelefon oder übers Internet verbreitet. Eine repräsentative Umfrage des Medienpädagogischen Forschungsverbundes Südwest unter Jugendlichen brachte 2007[107] ans Licht, dass 29 Prozent der Handybesitzer zwischen 12 und 19 Jahren schon einmal mitbekommen hat, wie eine Schlägerei mit dem Handy aufgezeichnet wurde. Es ist jedoch nicht ausgeschlossen, dass auch einige der Prügelszenen nur inszeniert wurden, um sie zu filmen. Offen bleibt die Frage, wie viele Kinder und Jugendliche tatsächlich verprügelt und gedemütigt wurden, nur, weil die Täter ihren Film drehen wollten.

An Hauptschulen ist der Anteil der „Happy Slapping"-

Erfahrenen mit 44 Prozent mehr als doppelt so hoch wie an Gymnasien (21 Prozent). Deutlich mehr Jungen als Mädchen kennen das Phänomen aus eigener Erfahrung. Bemerkenswert ist, dass 2007 fast doppelt so viele Jugendliche berichteten, Zeuge eines „Happy Slapping" geworden zu sein als im Vorjahr.

Die Eltern seien meist ahnungslos. Sie glaubten, in grenzenlosen Chatforen wie ICQ klönten ihre Kinder fröhlich und mit dem Handy telefonierten sie eben, sagt Wolfgang Hallabrin, Jugendsachbearbeiter bei der baden-württembergischen Polizei. Was sie tatsächlich manchmal tun, erklärt Hallabrin den geschockten Vätern und Müttern bei Vorträgen.

An vielen Schulen, weiß Hallabrin, kursieren inzwischen makabre Videos und Gewaltfilme. Schüler einer Schule auf der Schwäbischen Alb verschickten ein Video aus Afghanistan, das die Zerstückelung eines Menschen zeigte. „Der Lehrer dachte, seine Schüler seien alle nett und harmlos, und war am Boden zerstört." Er erzählt Eltern von Happy Slapping- oder Snuff-Videos – also Aufnahmen angeblich „echter" Morde, die nur für den Film begangen wurden –, und die mittels der Funktechnik Bluetooth an Freunde verschickt werden und schließlich in der ganzen Schule kursieren, so wie im Fall von Cindy und Jennifer.

Nur in Ausnahmefällen erfahren die Erwachsenen davon. Als sich in Bad Saulgau im Oktober 2008 ein 65-jähriger Mann vor den Zug warf, stiegen nach Polizeiangaben zahlreiche Jugendliche aus dem Zug und machten mit ihren Handys Aufnahmen von dem Toten. Als der Lokführer sie zur Seite drängen wollte, hätten sie sich gewehrt. „Wir wissen nicht, ob die Bilder lediglich auf dem Schulhof gezeigt werden, oder ob die schon irgendwo im Internet kursieren", sagte ein Polizeisprecher.[108]

Wolfgang Hallabrin arbeitet mit Schockeffekten. Er zeigt Vätern und Müttern Pornoseiten und Gewaltvideos aus dem Internet, die für ihre Kinder jederzeit in Sekundenschnelle zugänglich sind. Seiten, die sich auf Bilder verstümmelter Verbrechensopfer „spezialisiert" haben. Videosequenzen, in denen Frauen gefoltert werden. „Die sind noch vergleichsweise harmlos", behauptet Hallabrin. „Jedes Kind findet im Netz Schlimmeres." Man müsse lediglich auf Youtube „ganz unten" suchen.

Kinder fielen auf Werbefenster herein, die Erwachsene sofort wegklickten. „Die Kinder sind neugierig, öffnen jedes Pop-up." Oft gehe es um Pornografie. Sex mit Tieren, Sex mit Kindern, Sex mit Babys – alles zu finden, und die Eltern der Surfer wissen nichts davon.

Beispiel Chat. „Eltern sind genervt, wenn die Tochter morgens als erstes den Rechner anwirft, um im ICQ ihre Freundin zu fragen: Was ziehst du heute an?" Dass im Chat Mitschüler und Lehrer diffamiert, beleidigt und sexuell belästigt werden, ist ihnen kaum bekannt.

Seit Jahren wird darüber diskutiert, welche Auswirkungen die neuen Medien auf Kinder und Jugendliche haben – besonders dann, wenn wieder eine extrem grausame Gewalttat die Öffentlichkeit schockiert wie der Fall des 17-jährigen Felix D. aus dem mecklenburgischen Dorf Tessin. Der introvertierte, von Minderwertigkeitsgefühlen geplagte Gymnasiast war zuvor nie durch Aggressionen aufgefallen, bis er eines Abends mit seinem Freund Torben an der Tür von Nachbarn klingelte. Er befahl dem überraschten Mann, in die Knie zu gehen und stach ihn nieder, danach ermordete er die Ehefrau und verfolgte im Blutrausch auch den Sohn des Ehepaars. Unmittelbar vor der Tat hatte er mit Torben „Final Fantasy VII" gespielt.

Felix lebte seit längerer Zeit in einer virtuellen Parallelwelt, berichtet Autorin Sabine Rückert in ihrer ZEIT-Reportage[109]: „Von der Wirklichkeit frustriert und bedrückt, wich er – wie viele Jungs – mehr und mehr in die virtuelle Welt der Computerspiele, Horrorfilme und Heldensagas aus. Tag und Nacht sahen die Nachbarn ihn jetzt durchs Fenster an seinem Computer oder der Playstation sitzen. Gleich nach dem Mittagessen verschwand er und tauchte erst zum Abendbrot wieder auf... In den Spielen stählte Felix seine Aggressivität und Kampftechnik, mit den Horrorfilmen zwang er seine Furchtsamkeit nieder, und in den computergenerierten Animationen der Heldenepen – wie zum Beispiel *Final Fantasy VII* – fand er seine männlichen Vorbilder, die das genaue Gegenteil seines Vaters waren. So setzte, unbemerkt von den Eltern, im Kinderzimmer ein Verpuppungsprozess ein: aus Felix, dem Angsthasen, erwuchs Felix, der Amokläufer."

Mord als mediale Selbstinszenierung. Nach diesem Muster verfuhr auch der finnische Schüler, der im September 2008 acht Mitschüler und zwei Lehrer an seiner Berufsschule erschoss und sich danach selbst tötete. Er hinterließ morbide Grußbotschaften im Internet, die nach der Tat weltweit gelesen wurden. Letzte Aufmerksamkeit war ihm damit sicher.

Zweifellos ist das Internet zu einem Forum auch für gestörte Persönlichkeiten geworden, die es noch vor zwei Jahrzehnten nur zu einer Kritzelei an der Bushaltestelle gebracht hätten. Doch wie beeinflusst der Umgang mit „aktiven" Medien wie Handy, Internet oder Videospielen die Empathiefähigkeit von Kindern und Jugendlichen?

Computerspiele sind fester Bestandteil des Alltags fast aller Kinder und Jugendlichen.[110] „Praktisch jeder junge männliche Erwachsene hat Erfahrung mit Computerspielen, und drei Viertel von ihnen auch mit Killerspielen", sagt Christoph Klimmt, Juniorprofessor und Experte für die Auswirkungen gewalthaltiger Videospiele am Institut für Publizistik an der Mainzer Johannes-Gutenberg-Universität.

Die Bedeutung von Computer- und Konsolenspielen wächst weiter: In Deutschland wurden im Jahr 2000 noch 874 Millionen Euro für PC- und Videospiele ausgegeben, im Jahr 2007 betrug der Umsatz bereits 1,36 Milliarden.[111]

Wie wichtig die virtuellen Spiele für Kinder und Jugendliche sind, kann man auch an der Ausstattung deutscher Haushalte mit Spielkonsolen und PCs ablesen: In 89 Prozent der Haushalte mit Kindern zwischen 6 und 13 Jahren steht ein Computer, in Haushalten, in denen Jugendliche (12-19 Jahre) leben, sind es schon 98 Prozent. 77 Prozent der Familien mit 6- bis 13-jährigen Kindern haben mindestens eine Spielkonsole im Haus. Ein Blick in die Kinderzimmer zeigt: Etwa die Hälfte der 6- bis 13- Jährigen verfügt über ein eigenes Gerät, davon deutlich mehr Jungen als Mädchen.[112]

Etwa die Hälfte der unter 20-jährigen Computerspieler spielt mehrmals pro Woche bis täglich. Darunter auch schon viele Kinder: Ein Fünftel der 6- bis 12-Jährigen gibt an, fast täglich zu spielen. 16 Prozent der PC- Spieler gelten als „Intensivspieler", spielen also mehr als eine Stunde am Tag.[113]

Online-Spiele sind besonders fesselnd und zeitintensiv, weil häufig in Teams gespielt wird, in denen die Mitspieler voneinander abhängig sind. Befragungen unter Online-Spielern zeigen, dass ein Drittel von ihnen zwischen 30 und 59 Stunden pro Woche spielt. Fünf Prozent von ihnen sind sogar 60 Stunden pro Woche dabei.[114]

Schon Grundschüler kommen mit den umstrittenen „Killerspielen" in Kontakt, in denen das Leid verstümmelter und sterbender „Gegner" drastisch und detailgetreu gezeigt wird. Der Medienpädagogische Forschungsverbund Südwest befragte 6- bis 13-Jährige nach ihren Lieblingsspielen. Immerhin an fünfter Stelle (23 Prozent der Nennungen, bis zu drei Nennungen möglich) rangierten Actionspiele. Darunter fallen Spiele wie „Counter-Strike" oder „Battlefield", in denen Kriegs- und andere Mordszenen nachgestellt werden – aber auch harmlosere Spiele zählen in diese Kategorie, etwa „Moorhuhn".[115]

Schon 12-Jährige spielen brutale Computerspiele, die gemäß der USK (Unterhaltungssoftware Selbstkontrolle, analog zur FSK bei Filmen) erst ab 16 oder 18 Jahren freigegeben sind oder gar indiziert sind. Oft werden die jungen Käufer beim Erwerb gar nicht erst nach ihrem Ausweis gefragt. Noch häufiger werden die Altersfreigaben übergangen, indem die Spiele untereinander getauscht oder im Internet illegal heruntergeladen werden.[116]

Klimmt und die meisten seiner Kollegen sind davon überzeugt, dass gewalthaltige Videospiele deutliche Spuren in den Köpfen der Spieler hinterlassen: Besonders, wenn Kinder und Jugendliche mehrere Stunden täglich spielen, nutzt sich ihre Empfindsamkeit und ihre Fähigkeit zum Mitgefühl nach und nach ab.[117]

Was die brutalen Spiele in den Köpfen und Seelen der jungen Spieler anrichten können, ist eine der Fragen, die Medienforscher, allen voran Medienpsychologen am häufigsten zu hören bekommen. Obwohl die Medienwissenschaften hierzu deutliche Ergebnisse liefern, wird kaum ein anderes Thema aus dieser Branche so kontrovers diskutiert. Das liegt zum einen daran, dass die Spielehersteller ein großes Interesse haben, die Wirkung ihrer Spiele zu verharmlosen. Zum anderen sind daran die übertriebenen Interpretationen der Ergebnisse der Medienwirkungsforschung schuld – etwa durch Politiker, die gewaltverherrlichende Spiele verbieten wollen, um Amokläufe an Schulen zu verhindern.

„Natürlich macht ein Videospiel aus einem gesunden Menschen keinen Mörder", sagt Bruce D. Bartholow, Professor für Sozialpsychologie an der Universität von Missouri. Vielmehr ließen sich die Auswirkungen von solchen Spielen mit denen des Rauchens vergleichen: „Wer eine Zigarette raucht, bekommt deshalb keinen Lungenkrebs. Aber wer täglich raucht, erhöht sein Krebsrisiko gewaltig." Anders gesagt: Wer täglich – wenn auch nur virtuell – Menschen verstümmelt und tötet, verändert sich mit der Zeit.

In Messungen gut nachweisbar sind die kurzfristigen Effekte beliebter interaktiver Ego-Shooter wie „Call of Duty" oder „Crysis" auf die Psyche ihrer Nutzer, Erwachsene sind hier nicht ausgenommen. Um die Einflüsse zu messen, werden Probanden gebeten, ein gewalthaltiges Spiel zu spielen, während eine Vergleichsgruppe sich mit einem harmlosen Computerspiel die Zeit vertreibt. Hinterher wird, entweder mit Fragebögen, über physiologische Messungen (Herzfrequenz, Blutdruck) oder in Gedanken- oder Verhaltensexperimenten erhoben, wie aggressiv oder empathisch die Kandidaten reagieren. Dabei wird regelmäßig deutlich, dass nach aggressiv aufgeladenen Spielen auch die Aggressivität des Spielers erhöht ist und die Empathie bzw. das Mitgefühl der Spieler sinkt.[118]

Noch interessanter als die kurzfristige Wirkung ist die Frage nach den langfristigen Effekten der Killerspiele auf die Psyche. Summieren sich die kurzfristigen Effekte von Hunderten von Spielstunden so auf, dass sie die Persönlichkeit der Kinder verändern können?

Dass Menschen, die sich häufig gewalthaltigen Medieninhalten aussetzen, nach und nach abstumpfen, wissen Psychologen schon, seit sie diesen Effekt in den Siebziger- bis Neunzigerjahren anhand von Gewalt*filmen* untersuchten: Je mehr Szenen die Probanden gesehen hatten, in denen Menschen gequält oder verletzt wurden, desto geringer war ihre Stressreaktion, wenn sie erneut einen Filmausschnitt vorgeführt bekamen, in dem Gewalt gezeigt wurde. Dieser vielfach nachgewiesene Effekt wird in der Wissenschaft als „Desensibilisierung" (Gewöhnung, Verlust der Empfindsamkeit) bezeichnet.[119]

Beim Spielen brutaler Videospiele müsste sich dieser Abstumpfungseffekt noch verstärken. Denn im Gegensatz zum bloßen Betrachten von Bildern oder Filmen beteiligen sich die Nutzer aktiv, sie schlüpfen in eine Rolle. Sie sehen nicht nur brutale Bilder, sondern trainieren Gewalthandlungen durch ständige Wiederholung. Die Spieler werden für destruktives und aggressives Verhalten durch einen hohen Punktestand belohnt, während Mitgefühl oder gar Schuldgefühle kontraproduktiv wären und so gewissermaßen „abtrainiert" werden. Kinder, die viele gewalthaltige

Computerspiele spielten, hatten weitaus weniger Probleme damit, sich Fotos anzusehen, die von anderen Kindern als verstörend wahrgenommen wurden.[120]

Um zweifelsfrei zu belegen, dass dauerhaftes Gewaltspiel die Psyche beeinflusst, müsste man eine zufällig ausgewählte Gruppe von Kindern dazu bringen, über Jahre hinweg exzessiv Killerspiele zu spielen und zugleich anderen Kindern das Spielen gänzlich verbieten oder sie auf ausschließlich „friedliche" Spiele festlegen. Da solch ein Vorgehen ethisch nicht zu vertreten ist, sind Forscher auf sogenannte „Korrelationsstudien" angewiesen. Aufgrund von Befragungen berechnen sie beispielsweise, wie die Häufigkeit, mit der ein Kind brutale Computerspiele auswählt, mit seinen Persönlichkeitseigenschaften zusammenhängt („korreliert").[121]

Diese Befunde bestätigten, was schon die Laborexperimente nahelegten: Je häufiger die Probanden destruktive Spiele spielen, desto feindseliger und aggressiver werden sie, desto weniger sozial verhalten sie sich, desto weniger neigen sie zu empathischen Reaktionen gegenüber anderen, und desto häufiger begehen sie Straftaten oder schwänzen die Schule.[122]

Weil sich die Frage nicht beantworten lässt: „Was war zuerst da, der Charakter oder der Wunsch, bestimmte Spiele zu spielen?", halten vor allem Spielehersteller dagegen, dass nicht die brutalen Inhalte die Persönlichkeit negativ beeinflussen, sondern dass – umgekehrt – aggressive und wenig soziale Menschen dazu neigen, brutale Spiele zu spielen, weil sie aus Mangel an sozialen Kontakten mehr Zeit am Computer verbringen als andere.

Der Mainzer Medienwissenschaftler Christoph Klimmt

glaubt hingegen an eine doppelte Wirkung, die sich zu einer Abwärtsspirale verbindet: „Aggressivere und wenig empathische Jugendliche spielen aggressive Spiele. Das verstärkt ihren Hang zur Aggression und mindert die Empathie, und so weiter, und so fort."

Auf welchem Weg gewalthaltige Spiele die Aggression fördern und die bereits vorhandene Empathie herabsetzen, ist noch nicht vollständig geklärt. Immer deutlicher kristallisiert sich jedoch heraus, dass Computerspiele gerade deshalb die Aggression ihrer Spieler steigern, weil sie die Empathie herabsetzen.[123]

Es gibt also zwei Empathie-Effekte:

Grundsätzlich sind empathischere Menschen weniger anfällig für die aggressionssteigernde Wirkung der Ballerspiele. Aber auch empathiefähige Menschen stumpfen mit der Zeit ab, wenn sie viele gewalthaltige Spiele spielen, wodurch ihre Aggressionsbereitschaft – auch im Alltag – wächst.

Daneben ist ein weiterer Effekt interessant, den Bartholow und seine Kollegen fanden: Jene Teilnehmer, die häufig Gewaltspiele nutzen, reagieren im Versuchslabor aggressiver auf harmlose *und* auf gewalthaltige Videospiele als Vergleichspersonen. Diesen Effekt konnten die Wissenschaftler sich selbst noch nicht ganz erklären, aber zusammen mit der Herabsetzung der Empathie scheint es eine ungute Wechselwirkung zu geben: Wer häufig gewalthaltige Videospiele spielt, reagiert auf zweifache Weise mitleidsloser auf seine Umwelt: Zum einen zeigt er weniger Empathie in Bezug auf die Gefühle anderer, zum anderen ist er leichter reizbar, was die Bereitschaft, aggressiv zu handeln, weiter erhöht.[124]

Eine Studie zur Wirkung von Computerspielen auf die Empathie von Kindern veröffentlichten Rita Steckel und Clemens Trudewind von der Ruhr-Universität Bochum im Jahr 2002:[125]

Bei 280 Schulkindern zwischen 8 und 14 Jahren wurden mittels Fragebögen die Aggressionsneigung, die Empathiefähigkeit und die Sicherheit in der Eltern-Kind-Bindung erhoben. Außerdem wurden die Kinder gefragt, wie häufig sie Videospiele spielten und welches ihre Lieblingsspiele seien. Zusätzlich wurde erfasst, ob die Eltern den Kindern das Spielen verboten.

Für das Experiment spielten die Kinder eine halbe Stunde lang entweder ein aggressionsgeladenes oder ein neutrales Spiel. Direkt im Anschluss ermittelten die Wissenschaftler die Mitleidensfähigkeit der Kinder: Hierzu zeigten sie ihnen nacheinander bis zu 64 Bilder auf dem Computerbildschirm. Per Zufall erschien entweder ein bedrückendes Motiv, wie ängstlich schauende Menschen, ein neutrales oder ein positives Bild, etwa ein Sonnenblumenfeld. Die Kinder konnten per Knopfdruck entscheiden, welches Bild sie sich wie lange ansahen. Ihre Gesichter wurden währenddessen gefilmt.

Kinder, die das aggressive Spiel gespielt hatten, reagierten unbeteiligter auf die beunruhigenden Bilder. Sie schauten sich mehr von ihnen an, betrachteten sie länger und schauten dabei weniger erschrocken als die anderen Kinder.

Dieser Einfluss zeigte sich bei unsicher gebundenen Kindern deutlicher als bei sicher gebundenen Kindern. Unsicher gebundene Kinder sind demnach empfänglicher für den Abstumpfungseffekt durch aggressive Computerspiele.

Auch Langzeiteffekte waren feststellbar: Kinder, deren

Eltern das Computerspiel zu Hause einschränkten, reagierten sensibler auf die Bilder. Und Kinder, die zu Hause häufig aggressive Spiele spielten und gleichzeitig unsicher gebunden waren, zeigten zudem eine besonders hohe Neigung, selbst aggressiv zu handeln.

Für Empathieforscher stellten diese Ergebnisse keine Überraschung dar. Aus neurobiologischer Sicht sei der direkte Zusammenhang zwischen der Dauer des Gewaltkonsums und gewalttätigem Verhalten „absolut klar", so der Freiburger Neurobiologe Joachim Bauer.[126] Das Gehirn lerne permanent, es mache nicht ausgerechnet dann eine Lernpause, wenn es um die „überaus spannende und brisante Darbietung von Gewaltverhalten" gehe. Kinder lernen und speichern ab, was sie sehen, je emotionaler sie berührt werden, desto stärker. Das heißt nicht, dass sie Gewalt auf dem Bildschirm auch sofort in die Tat umsetzen. „Dazu", so Bauer, „sind noch weitere Faktoren erforderlich." Aber das Gezeigte werde als Modell für mögliches Verhalten abgespeichert und erzeuge, wenn es dem Jugendlichen sinnvoll und nützlich erscheine, im Fall der Fälle „Handlungsbereitschaften".[127]

Bei diesen Prozessen spielen wiederum die Spiegelneuronen eine wichtige Rolle. Spiegelneuronen sind zugleich Lernzellen, „das entscheidende Bindeglied zwischen der Beobachtung eines Vorgangs einerseits und dessen eigenständiger Ausführung andererseits", so Joachim Bauer. Sie springen auf menschliche Vorbilder an. Dieselben Handlungen, von Robotern vollbracht, ließen sie kalt. Schließlich lernen Menschen seit Jahrtausenden alles, was wichtig ist, von Menschen, also „am Modell": Wie man spricht, wie man ein Feuer entfacht, vor welchen Tieren man sich in

Acht nehmen sollte – oder wie man seinem Gegner den Kopf einschlägt.

Wie dünn die Grenze zwischen Simulation und Wirklichkeit sein kann, zeigt der Trend zum „Happy Slapping". Jugendliche sehen nicht nur – passiv – zu oder spielen in Computerspielen mit, sie werden immer häufiger selbst zu „Regisseuren" von Gewaltdarstellungen.[128]

Oder sie werden von anderen dafür als Akteure benutzt. So wie Cindy. Ohne die Filmaufnahmen ihrer Klassenkameraden wäre die Sache mit Jennifer womöglich niemals rausgekommen, schimpft Cindy. Dann wäre es eben eine von vielen Prügeleien wie in den Jahren zuvor gewesen, die keinen Erwachsenen interessierten. „So was zu filmen", sagt sie heute nachdenklich, „war doch eigentlich ziemlich gestört."

8. Ganz klein beginnen

Jugendliche, die sich brutal und gefühllos verhalten, besitzen oft eine Gemeinsamkeit: Sie haben in den Jahren zuvor, manchmal schon sehr früh, gezeigt, dass sie in Not sind.

Inzwischen weiß man, wie wichtig es ist, auf diese frühzeitigen Warnsignale zu achten. Denn je jünger ein Kind ist, das lügt, schlägt, stiehlt oder Tiere quält, sich also dissozial verhält, desto größer ist die Gefahr, dass es später kriminell wird.

Moderne Prävention beginnt schon in den ersten Lebensmonaten eines Kindes. Sie zielt vor allem auf Stärkung der Bindungs- und Erziehungsfähigkeit der Eltern ab, bevor sich die Interaktion mit ihrem Kind verfestigt hat. Wenn Eltern lernen, eine gute Beziehung zu ihrem Baby aufzubauen, sinkt zum einen die Gefahr von Übergriffen auf den Säugling, zum andern kommt es möglicherweise erst gar nicht zu einer Empathiestörung des Kindes. Frühe Prävention heißt somit auch: Geringere Folgekosten für die Gesellschaft. Die Forderung der Entwicklungspsychologin Gabriele Gloger-Tippelt ist daher die logische Schlussfolgerung: „Wir müssen viel mehr für die Prävention tun."

Wie man „muttern" lernt

„Ab sofort sind wir auch nachts erreichbar", schrieben die Eltern von Felix Luca, 3110 Gramm, 49 Zentimeter, in der Geburtsanzeige für ihren kleinen Sohn. Vielleicht haben Felix Lucas Eltern ja Glück und ihr Baby ist ein kleiner Buddha, der von der ersten Stunde an in sich ruht, nur alle vier Stunden die Brust braucht und die Nächte selig durchschläft.

Vielleicht aber gehört Felix Luca zu der Sorte Säugling, die ihre Eltern nachts im Stundentakt durch klägliches Geschrei an ihr Bettchen holt und ständig neue Rätsel aufgibt. Warum weinst du? Auf diese Frage gibt es mindestens sechs Antworten: Felix Luca hat schon wieder Hunger, er ist übermüdet, er hat die Windel voll, er leidet an einer Kolik, er zahnt, er wird krank... Eltern fahren in solchen Situationen das komplette Testprogramm ab, sie kochen Fencheltee, massieren das Bäuchlein, legen das Würmchen über die Schulter, tragen es in „Fliegerhaltung" herum, schaukeln es sacht und singen, bis die Stimme rau klingt wie eine zerkratzte Schallplatte. Manchmal, wenn alles nichts hilft, fahren sie mitten in der Nacht mit dem Auto um den Block, weil in der Stunde der Not nur das beruhigende Brummen des Dieselmotors beim Einschlafen hilft. Sie fühlen sich nach einer Reihe solcher Tage und Nächte am Rand ihrer Kräfte, ratlos, schuldbewusst, mitleidig, insgeheim auch zornig.

Tröstlich ist: Es geht vielen so. Die „größte Herausforderung" für Eltern von Neugeborenen bestehe darin, die Bedürfnisse ihres Kindes wahrzunehmen und zu verstehen, sagt die Ulmer Bindungsforscherin Ute Ziegenhain. Denn in keinem anderen Abschnitt seines Lebens entwickelt sich ein Kind so rasant wie im ersten Jahr, wenn im Gehirn unzählige Verschaltungen stattfinden. Schwerstarbeit für Babys und Eltern.

Wundersamerweise spielt sich das Verhältnis in der Regel schon nach kurzer Zeit ein, die Eltern verstehen die „Sprache" ihres Babys besser, seine Mimik und Gestik. Sie lernen, wann sein Weinen große Not oder nur Gemecker bedeutet und wie man es zum Lächeln bringt, kurzum, woran man seine momentanen Bedürfnisse erkennt und wie man sie befriedigt. Die Münchner Kinderpsychiaterin und Säuglingsforscherin Mechthild Papoušek nennt dieses feinnervige Beobachten und Antworten die „intuitive elterliche Kompetenz",[129] die vom ersten Augenblick an vorhanden ist. Wir verändern beispielsweise die Stimmlage, wenn wir mit einem Baby sprechen, wir nähern uns beim Sprechen intuitiv und halten den richtigen Abstand, wir reagieren prompt auf seine Signale. Eltern verfügten über einen unbewussten Erfahrungsschatz, „wie man den Säugling beruhigt, anregt, die Anregungen angemessen dosiert, wie man sich in Sprache, Mimik und Gestik verständlich und voraussagbar macht und sich dabei von den Signalen der Aufnahmebereitschaft und Belastbarkeit des Kindes leiten lässt", so die Wissenschaftlerin.

Der kleine „Forscher in der Wiege", wie sie ihn nennt, hole sich von seinen Eltern stets die zu diesem Zeitpunkt notwendige und angemessene Unterstützung für seine Entwicklung. Eltern seien für diese Aufgabe „auf einzigartige Weise zutiefst motiviert".

Zum Glück besitzen die meisten Mütter und Väter diese kommunikative Kompetenz von Natur aus. Ansonsten bestünde unsere westliche Zivilisation vorwiegend aus kontaktgestörten, empathiearmen Menschen. Denn noch bis in die Siebzigerjahre wurde wenig über die Gefühle von Neugeborenen nachgedacht. Säuglingsschwestern entrissen den Müttern die Neugeborenen, kaum hatten sie den ersten

Schrei getan, es galt die Satt-und-Sauber-Doktrin; Babys wurden täglich gebadet, als wären sie schwitzende Schwerstarbeiter. Kranke Neugeborene wurden ohne Narkose operiert, weil die Mediziner der Ansicht waren, sie hätten sowieso kein Schmerzempfinden – bis der amerikanische Kinderarzt Kwanwaljeet „Sunny" Anand herausfand, dass schon Föten bei Eingriffen im Mutterleib heftige Stressreaktionen zeigten.[130]

Heute weiß man wesentlich mehr über das Seelenleben von Säuglingen – und über ihre phänomenale Fähigkeit, sich mitzuteilen. Bei manchen Müttern aber ist dieses natürliche elterliche Wissen nur begrenzt oder kaum vorhanden – beispielsweise, weil sie noch sehr jung sind, an psychischen Problemen leiden, drogenabhängig sind, als Kind wenig Zuwendung bekommen haben, unter hohem Stress stehen – oder alles zusammen. Dann ist die Gefahr groß, dass sich ihr Stress potenziert und aus Stress Gewalt wird.

In einer alten Villa, dem Forschungshaus der Kinder- und Jugendpsychiatrie der Universität Ulm, erforschen Ute Ziegenhain und ihre Kollegen das Band zwischen Mutter und Kind. Bindung definiert Ute Ziegenhain als „persönlich bezogene und sehr exklusive Beziehung". Sie ist die Nabelschnur, die Mutter und Kind auch nach der Geburt verbindet, die Nähe und Austausch ermöglicht, auch wenn die wirkliche Nabelschnur längst durchtrennt ist. Gibt es sie nicht, ist auch die Versorgung des Kindes gefährdet.

Es gebe allerdings wenige Kinder, die sich überhaupt nicht binden, sagt die Bindungsforscherin, sie sind in der Regel geistig stark behindert oder – wie beispielsweise manche rumänischen Waisenkinder – stark depriviert, hatten also keine Gelegenheit, eine Bindung zu irgendeinem anderen Menschen zu entwickeln.

Das angeborene Bedürfnis nach Schutz, Nähe und Zuwendung ist sehr stark. Erfreulicherweise aber auch auch die emotionale Widerstandsfähigkeit (Resilienz). Kinder erwarten keineswegs immer sanftmütige, belastbare und ausgeglichene Eltern, sie verzeihen auch einen Wutausbruch, Phasen der Anspannung, Traurigkeit oder Unkonzentriertheit – so lange dies kein Dauerzustand und aus Stress Aggression wird.

Ute Ziegenhain zeigt Videoaufnahmen von jungen Müttern, deren Analyse der Grundlagenforschung dient, zugleich sollen sie den Müttern helfen, Fortschritte und Veränderungen in ihrem Verhältnis zum Kind zu erkennen.

Zu sehen ist eine sehr junge Mutter, die ihr Kind wickelt. Einen Moment lang sieht man das Baby allein auf dem Wickeltisch, dann kommt plötzlich eine Windel durch die Luft geflogen und landet auf dem Bauch des Babys. Die junge Mutter wickelt hastig, mit ruckartigen Bewegungen – stumm. Sie wirkt ausdruckslos, vermeidet den Augenkontakt. Das Baby versucht, die Füßchen gegen den Körper seiner Mutter zu stemmen.

Eindeutig, dass diese Mutter Probleme im Umgang mit ihrem Baby hat, aber wo genau liegen sie? In der fehlenden oder falschen Interpretation der kindlichen Signale, anders gesagt: Im Ignorieren oder Missverstehen. So interpretiert die junge Frau das Abstemmen ihres Kindes als Aggression. Sie weiß nicht, dass es gut ist, mit dem Baby zu sprechen, während es versorgt wird.

Eine entwicklungspsychologische Beraterin steht der jungen Mutter zur Seite, sie lobt ihre Fortschritte und hilft ihr, das Verhalten ihres Kindes zu verstehen und immer wieder die Perspektive des Babys einzunehmen. Drei Monate später wirkt sie wie ausgewechselt. Sie strahlt ihr Kind an, massiert ihm sanft den Bauch, schäkert: „Ach, ist das schön." Ihr Baby hört aufmerksam zu, lächelt.

„In dieser frühen Phase trifft man bei den Eltern noch auf viel Offenheit", beobachtet Ute Ziegenhain. Manchmal reichen schon Erklärungen, wie das Rudern und Strampeln des Babys zu verstehen ist und was es dann braucht: Zwiesprache, Augenkontakt, Körperkontakt. So lange das Verhältnis noch nicht eingefahren ist, nehmen Mütter gern einen Rat an. „Die Belohnung durch das Kind kommt sofort, das ist das Schöne an dieser frühen Arbeit – sie wirkt."

Die sensible Beobachtung, das „Fein-Tuning", ist den meisten Menschen gegeben, es lasse sich aber in erstaunlichem Maße auch noch im Erwachsenenalter erlernen, sagt Ute Ziegenhain.

Auf dieser Erkenntnis basieren eine Reihe von staatlichen Modellprojekten (www.fruehehilfen.de), die Eltern helfen wollen, ihre Säuglinge besser zu verstehen, zum Beispiel „Auf den Anfang kommt es an!" (Rheinland-Pfalz), „Guter Start ins Kinderleben" (Baden-Württemberg, Bayern, Rheinland-Pfalz und Thüringen), oder „Keiner fällt durchs Netz" (Hessen, Saarland). Das Programm „Guter Start ins Kinderleben" beispielsweise will über ein Netzwerk ausgebildeter Beraterinnen bei Jugendämtern und in Krankenhäusern möglichst früh einen unterstützenden Kontakt zu Müttern aufbauen, um ihnen erklärend und beratend zur Seite zu stehen – am besten schon in den ersten Tagen nach der Geburt. Denn dann „sind die Mütter besonders zugänglich", weiß Ute Ziegenhain.

Ein gesundes Baby nimmt es nicht einfach hin, wenn seine Mutter nicht reagiert. Es wirbt mit maximaler Kraft um Aufmerksamkeit und Beachtung. Der Diplompsychologe Georg Rammer vom Psychosozialen Dienst der Stadt Karlsruhe hat das seinen Erkenntnissen zugrunde liegende Experiment so beschrieben: „Eine Mutter beschäftigt sich ganz normal mit ihrem Baby. Sie spricht mit ihm, lächelt, zupft spielerisch am Fuß. Dann wendet sie sich kurz ab, um sich darauf wieder dem Baby zuzuwenden – mit einem großen Unterschied: Sie soll dem Impuls zum natürlichen Mienenspiel widerstehen. Sie hat drei Minuten lang ein hölzernes Gesicht... Das Baby entfaltet nun ein ganzes Repertoire an kommunikativen Signalen: Es versucht, den Blick, die Aufmerksamkeit der Mutter einzufangen, es lächelt, gurrt, strampelt. Wenn aber jede Reaktion ausbleibt, das sonst so lebhafte Gesicht der Mutter regungslos bleibt, geben die Babys resigniert auf, ziehen sich irritiert und bisweilen verstört zurück."

Das unbeteiligte Verhalten der Mutter wird in Fachkreisen „still face-Effekt" genannt. Es kann beispielsweise bei traumatisierten oder seelisch kranken Müttern auftauchen, die stark mit sich selbst beschäftigt sind. „In diesen zwei, drei Minuten passiert ungeheuer viel", sagt Georg Rammer, der in Karlsruhe Eltern-Kind-Programme zur Förderung der Empathie veranstaltet.

Was geschieht, wenn die Mutter nicht nur drei Minuten lang unbeteiligt und „kalt" bleibt, sondern sich dauerhaft dem suchenden Blick ihres Babys entzieht? Der Schweizer Psychoanalytiker Arno Gruen hat das Erleben des Säuglings sehr emotional beschrieben[131]: „Der Terror, den ein Kind empfindet, wenn es sich nicht in den Augen des bemutternden Anderen finden kann, weil diese kalt und ablehnend sind, ist unermesslich groß... Patienten berichten von dem Entsetzen, das sie empfanden, als sie sich in den Augen ihrer Mutter nicht finden konnten... Es ist wie ein Verschwinden."

Die Folgen dieser Verunsicherung zeigen sich binnen weniger Monate. Kinder, die in den ersten Monaten vernachlässigt wurden, schreien mehr, haben Probleme mit dem Schlafrhythmus und dem Essen, kurzum, sie werden zu „schwierigen" Kindern und fordern auf diese Weise mehr Aufmerksamkeit als Kinder, die in einer liebevoll-aufmerksamen Umgebung aufwuchsen.

Die ersten Jahre sind also entscheidender für die emotionale Entwicklung, als lange Zeit angenommen wurde. Langzeitstudien fanden enge Zusammenhänge zwischen frühem Beginn problematischen Verhaltens und späterer antisozialer Persönlichkeitsstörung bzw. krimineller Karriere.

Sogenannte „early starters" gelten als wesentlich schwierigere Fälle als die „late starters", also ältere Kinder, die durch aggressives oder dissoziales Verhalten auffallen. Meist zeigen sich schon Jahre zuvor erste Anzeichen. Bei Elfjährigen mit einer aggressiv-dissozialen Störung fanden Forscher aus Potsdam und Mannheim heraus, dass vier von fünf Kindern diese Störungen schon seit Jahren mit sich herumschleppten – bei mehr als zwanzig Prozent gab es erste Anzeichen sogar schon im Alter von zwei Jahren.[132]

Schon früh gibt es auch physiologische Hinweise. Bereits bei Kindern im Alter zwischen zwei und acht Jahren zeigen sich Zusammenhänge zwischen einem impulsiven, ungehemmten Temperament und einer niedrigen Herzfre-

152

quenz.[133] Ihr Herz schlägt im Ruhezustand langsamer als das von anderen Kindern. Bei älteren Kindern, die durch Gefühllosigkeit auffallen, finden sich reduzierte Hautleitwerte, sie sind schwerer erregbar. Puls und Hautleitwert gelten als Stressindikatoren. (vgl. hierzu Kap. 2, S. 34). Vereinfacht lässt sich sagen: „Kalte", gefühllos wirkende Kinder reagieren auch körperlich „unterkühlt". Ihr schwächeres Reizempfinden sorgt für eine größere Angstfreiheit und lässt sie nach stärkeren Reizen suchen, um empfinden zu können. Man spricht vom sogenannten „sensation seeking".

Forscher wie Timo Vloet[134] und seine Kolleginnen halten es deshalb für sinnvoll, „hoch gefährdete Kinder frühzeitig zu identifizieren", um damit einer ungünstigen Entwicklung möglichst früh durch entsprechende Förderung entgegen zu wirken.

Fälle wie der Tod des zweijährigen Kevin in Bremen, der von seinem drogenabhängigen Ziehvater schwer misshandelt worden war, haben dafür gesorgt, dass sich der Staat verstärkt um die Kleinsten kümmern und Gewalt und Vernachlässigung an Kindern früher erkennen will. Besonders im ersten „sprachlosen" Lebensjahr ist die Gefahr besonders groß, dass Kinder infolge von Vernachlässigung oder Misshandlung sterben[135] oder, falls sie überleben, nicht nur körperlich, sondern seelisch schwer geschädigt werden.

Misshandlung und Vernachlässigung wirken umso gravierender, je früher sie beginnen und je länger sie anhalten. Auf immerhin fünf bis zehn Prozent eines Jahrgangs schätzt Ute Ziegenhain den Anteil der „Hochrisikokinder". Erfahrene Ärzte und Hebammen können Anzeichen für

Stress und Panik erkennen, lange bevor ein Kind durch blaue Flecken auffällt: Warnzeichen sind beispielsweise eine starre Körperhaltung, wenn sich die Mutter nähert, ein ausdrucksloses „maskenhaftes" Gesicht, flackerndes Lächeln oder ein abgewandter Blick.

Der Übergang zwischen Misshandlung und Vernachlässigung ist fließend und letztlich eine Definitionsfrage. Ein Kind, das nicht ausreichend ernährt wird und zusehends abmagert, wird nicht nur vernachlässigt, sondern auch misshandelt.

Dabei fangen Misshandlungen klein an – mit Missverständnissen nämlich. Eine Mutter, die ihr schreiendes Kind nicht beruhigen kann, wird immer angespannter, hilfloser, ungeduldiger, vielleicht auch zornig. Sie findet nicht heraus, was das Schreien bedeutet. Das wiederum spürt das Baby und schafft es nicht, sich selbst zu regulieren und zu entspannen. Die Mutter wird noch gereizter. Aus solchen kleinen Missverständnissen wird ein Teufelskreis, der irgendwann eine verhängnisvolle Kettenreaktion auslösen kann: schreien, schlagen, schütteln.

Die Präventionsprogramme sind darauf ausgerichtet, das Verständnis der Eltern für ihr Kind zu verbessern. Sie erzielen damit einen zweiten wichtigen Effekt: Kinder, die sicher gebunden sind, haben von Anfang an mehr Chancen, empathischer zu werden, wenn ihre Mütter ihre Signale richtig lesen und verstehen lernen.

Eveline Weyel ist so eine Baby-Dolmetscherin. Die Hebamme lebt im hessischen Dreieich und hat 25 Jahre Erfahrung als Familienbetreuerin. Seit etwa zwei Jahren kümmert sie sich außerdem im Rahmen des Projekts „Keiner fällt durchs Netz" um sehr junge Mütter, Mütter mit Suchtproblemen, um Migrantinnen mit Sprachproblemen und um Frauen, die Gewalt und Missbrauch erfahren haben, um sogenannte „Hochrisikofamilien" also. Hebammen haben es leichter, Zugang zu diesen Müttern zu bekommen, als Mitarbeiter des Jugendamts. Eveline Weyel will nicht kontrollieren, sondern stärken. Allein schon positive Kommentare über das Kind öffnen Türen. „Das ist ein hübsches, kluges und ganz besonderes Kind. Deshalb braucht es so viel Nähe", erklärt sie unsicheren Müttern. „Nehmen Sie es ruhig mit ins Bett, das Kleine braucht die Wärme, es hat die ganze Zeit in Ihrem Bauch gelebt." Die meisten Mütter seien dankbar für die Ermutigung. „Ich will ihnen zeigen, sie sind es wert, dass sich jemand Zeit für sie nimmt." Die Väter seien selten präsent – oder misstrauisch, wie ein alkoholkranker Vater, der sich ins Bett verzog, wenn die Hebamme kam.

Weyels erklärtes Ziel ist es, die Bindung der Mütter zu ihren Kindern zu stärken – und damit auch die Basis für Empathie. Dazu gehört, dass die Mütter Nähe überhaupt zulassen und sie genießen können. Viele dieser Frauen stillen nicht „aus Angst vor Nähe und Abhängigkeit", stellt Eveline Weyel fest. Viele haben noch den Rat der Mutter oder Großmutter im Ohr: Verwöhn den kleinen Schreihals bloß nicht.

Auf echtes Desinteresse am Kind trifft sie selten, auf Missverständnisse dagegen oft. Manche Mütter klagten: „Der will mich doch nur ärgern", wenn ihr Kind quengelt. Eveline Weyel versucht, mit der Mutter einen Perspektivwechsel zu vollziehen, ihr zu zeigen, was das Weinen und Quengeln tatsächlich bedeuten kann. Zum Beispiel, dass ihr Kind übermüdet ist und keine neuen Reize mehr braucht, sondern Ruhe. Dinge, die die meisten Eltern wissen, weil sie in der Lage sind, sich in ihr Kind hineinzuversetzen. Nicht aber Mütter, die Gewalt und Missbrauch erlebt haben, die ihr Kind als Feind erleben. Eine Mutter behauptete: „Mein Kind tritt nach mir." Dabei strampelte es nur.

Es sind keineswegs nur Frauen aus der Unterschicht, die Probleme haben, ihr Kind anzunehmen. Eine Akademikerin wirkte sehr distanziert ihrem Kind gegenüber. „Am Anfang lief alles prächtig, aber inzwischen geht ihr das Baby auf den Wecker." Weyel fiel auf, dass die Frau das Kind zwar stillte, ihm aber keine zusätzliche Nahrung gab, obwohl es schon acht Monate alt war. Ihr fiel auch auf, dass die Mutter ihrem Kind kaum Beachtung schenkte. „Sie hat eineinhalb Stunden lang immer nur über den Kopf des Kindes hinweg mit mir gesprochen." Als Weyel sie darauf hinwies, war sie betroffen. „Aber bei meinem nächsten Besuch redete sie wieder anderthalb Stunden, ohne sich um das Kind zu kümmern."

In solchen Fällen weiß Eveline Weyel, dass ihre Betreuung nicht reicht und die Mutter therapeutische Hilfe braucht. Das ist ihre zweite Funktion: Netzwerke schaffen, Hilfe holen.

Wenn sich Mütter ihrem Kind liebevoll zuwenden und seine Bedürfnisse besser verstehen lernen, nützt das allen, dem Kind, den Eltern, der Gesellschaft. Frühe Hilfe ist zweifellos der klügste Weg, um Empathiestörungen gar nicht erst entstehen zu lassen. Mit jedem Euro, der in sie investiert wird, lässt sich eine vielfach höhere Summe vermeiden, die für Spätschäden von Jugendlichen ausgegeben werden müsste.

Gerade deshalb sollte die Qualität der frühen Hilfe dem

Staat besonders viel wert sein. Eveline Weyel, die mit vier weiteren Hebammen in ihrem Landkreis Familien unterstützt, bekommt 13 Euro brutto für einen halbstündigen Familienbesuch bezahlt. Ein Hungerlohn. Immerhin kann sie „ihre" Familien bis zu einem Jahr lang begleiten. Oft wäre aber eine noch längere Unterstützung nötig.

Einigen Müttern muss sie beibringen, wie man mit Babys spielt. Wenn das Einjährige beim „Kuckuck-Spiel" strahlt und die Mutter lächelnd mitmacht, dann weiß sie, dass sie etwas erreicht hat. „Man geht viele kleine Schritte", sagt sie.

Die Gummibärchen-Therapie

Paul muss noch ein bisschen weinen, als er sich im Treppenhaus der „Sozialpsychiatrischen Praxis für Kinder- und Jugendpsychiatrie" von seiner Mutter verabschiedet. Ein gutes Zeichen, sagt Sozialpädagogin Christine McGuire. Paul weine sonst nie, auch nicht im Kindergarten. Dort hat der Fünfjährige unter den Kindern den Ruf eines gemeinen Kerls, der andere aus heiterem Himmel beißt, schlägt und tritt und sich danach nicht entschuldigt, sondern im Gegenteil manchmal Schadenfreude zeigt. So wurde er schnell zum Außenseiter, der nur auf seinen Vorteil bedacht ist und keine Freunde findet. Freundschaften versuchte er sich deshalb mit Gewalt zu erzwingen.

Seine Eltern haben ihn in die Praxis gebracht, weil sie sich Sorgen machen. Bald wird Paul eingeschult, aber mit diesem Verhalten?

Ihr Sohn besucht jetzt ein Mal pro Woche ein „soziales

Kompetenztraining" für Vorschulkinder. Christine McGuire und Heilpädagogin Karin Schuhmann erwarten die Kinder in einem hellen, ruhigen Raum. Es sieht gemütlich aus. Kissen liegen auf dem blauen Teppichboden, Kisten mit Spielsachen stehen im Regal. Die Vorschulgruppe besuchen auch Myrtha, Max und Thorsten. Die Kinder nehmen sich Decken und strecken sich auf dem Teppich aus, Thorsten zieht die Decke über den Kopf, seufzt. Nur eine kleine Hand schaut hervor. Entspannungsmusik läuft. „Die Kinder müssen erst mal runterkommen", erklärt Christine McGuire. „Vergiss alles, was um dich herum geschieht", sagt sie. Sie spricht ruhig und langsam die Entspannungsformeln: „Meine Beine werden ganz warm." Paul zappelt ein bisschen unter der Decke, dann wird er ruhiger.

Den eigenen Empfindungen und Bedürfnissen näherzukommen, ist Grundlage des Trainings. Es basiert auf einem Programm von Manfred Döpfner, Psychologieprofessor an der Universität Köln, das die Therapeutinnen auf Kinder im Vorschulalter zugeschnitten haben und das ihnen auch Spaß machen soll. Wie fühlt es sich an, wenn ich barfuß über einen kratzigen Teppich laufe, über ausgestreute Linsen, zerknüllte Zeitungen, Kissen, Kleiderbügel? Was ist angenehm, was tut weh? Ein Kind empfand Kleiderbügel als angenehm. „Selbstwahrnehmung" nennen die Therapeutinnen die erste Phase. Dazu gehört auch die genaue sprachliche Unterscheidung von Gefühlen: Wie fühlt sich Wut an, und wie ist es, wenn man ohne Wut ist? Welche anderen Gefühle – Traurigkeit, Erschöpfung, Enttäuschung, Einsamkeit – schwingen dabei mit?

Die eigenen Gefühle zu kennen und zu benennen, ist der erste Schritt in Richtung Empathie. Der nächste Schritt ist das Wahrnehmen und Benennen der Gefühle von anderen, in der Sprache der Therapeuten „Fremdwahrnehmung" genannt. „Viele ADHS-Kinder haben mit der Selbstwahrnehmung Probleme, sie nehmen den eigenen Schmerz nicht wahr und darum auch nicht den Schmerz, den sie anderen zufügen", sagt Christine McGuire.

Auch der hyperaktive Paul hat an dieser Stelle einen „blinden Fleck". Der intelligente Junge hat wenig Angst und ein geringes Schmerzempfinden. Er habe Freude daran, andere zu ärgern, sagt Christine McGuire. Die Kinder spielen das Reaktionsspiel „Ochs am Berg". Wenn einer sich umdreht, müssen die anderen wie erstarrt stehen bleiben. Wer sich noch bewegt, hat verloren. Nach dem Spiel freut sich Paul, dass Max verloren hat. „Der Max ist ein Baby", entfährt es ihm. „Warum sagst du das?", fragt Therapeutin McGuire. „Weiß ich nicht", erwidert Paul.

Thorsten krabbelt Myrtha durchs Haar. Er nervt andere Kinder, wenn er sie plötzlich umarmt und ihnen auf die Pelle rückt. „Er merkt nicht, dass er etwas macht, was anderen unangenehm ist", sagt die Therapeutin.

Doch in diesem Alter lässt sich noch vieles korrigieren, ist die Erfahrung der Therapeutinnen, solange die Kinder nicht extreme Empathiestörungen haben.

Am Bild eines kleinen Dinosauriers sollte Paul einschätzen, ob der Dino ängstlich oder traurig ist. „Kinder wie Paul beschreiben zunächst nur ganz sachlich: der lacht. Oder: der schreit. Sie kommen nicht von sich aus auf das Gefühl zu sprechen." Dann hakt die Therapeutin nach: „Wie fühlt man sich, wenn man die Faust ballt und ein ganz rotes Gesicht kriegt?"

In der dritten Stufe geht es um Einsicht und konkrete

Verhaltenstipps und Regeln. Zum Beispiel: Man entschuldigt sich, wenn man jemand anrempelt. Man platzt nicht einfach in das Spiel von anderen Kindern, sondern fragt sie, ob man mitspielen darf. Oder ob man ein anderes Kind umarmen darf. „Man merkt, dass viele Kinder nicht miteinander reden, nicht fragen, sich nicht entschuldigen. Die handeln sofort." Was er denn mache, wenn er Wut habe? „Boxen und treten", antwortet Paul. Was er denn stattdessen tun könnte? Auf einen Boxsack hauen, schlägt ihm ein Kind vor. „In eine Decke reinbeißen", sagt Paul.

In der vierten Stufe lernen die Kinder, sich in den anderen hineinzuversetzen und seine Perspektive einzunehmen. Sie machen dazu Rollenspiele. „Den anderen ärgern", lautet so ein Rollenspiel. „Das finden sie toll, die Täterrolle fühlt sich gut an." Ein Kind baut mit Holzklötzen und viel Geduld ein schönes Haus. Ein anderes stößt es um und läuft wortlos weg. Der kleine Zerstörer spielt dann das „Opfer". Und sagt danach in der Besprechung: „Das war nicht schön."

Zwölf Wochen dauert die Gruppentherapie für verhaltensauffällige Fünf- und Sechsjährige, jeweils eine Stunde pro Woche. Sie lernen Empathie auf rationale Weise. „Gefühle üben", nennt dies die Leiterin der Praxis, Susanne Schlüter-Müller. „Die Kinder sollen begreifen, was richtig und was falsch ist, sie sollen ein Unrechts-Bewusstsein entwickeln, wenn schon kein Unrechts-Empfinden möglich ist."

Es sind keine Wunderdinge, die in der Praxis geübt werden. Nicht wegschauen ist eine Grundregel der Therapeutinnen. „Wir lassen nichts durchgehen und schreiten sofort ein." Einfache und klare Regeln formulieren, sie einhalten. Erwünschtes Verhalten vorleben, Regeln ständig wiederholen. Also nichts anderes als das, was konsequente Erziehung ausmacht. Vor allem aber: Kleine Fortschritte anerkennen und sie loben.

Zum Schluss jeder Stunde holt Christine McGuire die Metalldose voll großer Gummibärchen. Die Kinder scharen sich um sie. Die Anzahl der Gummibärchen ist Anerkennung für die Einhaltung der Regeln und dafür, dass es ein Kind in dieser Stunde geschafft hat, „einem anderen Kind nicht weh zu tun". Wer seine Sache besonders gut gemacht hat, bekommt zehn, wer sich nicht an die Regeln gehalten und beispielsweise andere gehänselt hat, bekommt nur vier. Paul bekommt acht und ein Lob. „Du hast dich gut entspannen können und trittst nicht mehr anderen Kindern ans Bein." Aber Paul weiß auch: Es war nicht gut, sich über Max lustig zu machen. Das ergibt den Abzug.

Hart kalkulierte Tarife fürs Artigsein? Wenn Kinder Empathie mit dem Verstand erlernen, erstellen sie eine innere Kosten-Nutzen-Rechnung: Was bringt mir mehr? Wann fühle ich mich besser? Wenn ich meine Wut an anderen Kindern auslasse, bekomme ich Ärger. Wenn ich andere Wege dafür finde, etwa den Sandsack zu boxen, ernte ich Lob und Gummibärchen, werde akzeptiert – erlebe ein Wohlgefühl.

Der Deal funktioniert am besten, wenn die Konditionen unter allen Erwachsenen abgestimmt sind. Eine Stunde Training pro Woche reicht nicht aus, um eingeschliffenes Verhalten zu ändern. „Der Transfer in den Alltag ist entscheidend", sagt Karin Schuhmann. Deshalb gehen die Therapeutinnen in den Kindergarten, besprechen mit den Erzieherinnen die Strategie, beispielsweise, kleine Fortschritte zu loben. Auch die Eltern werden in die Therapie eingebunden. Besonders Eltern von ADHS-Kindern „haben das Herz oft auf dem rechten Fleck, wissen aber nicht, wie sie ihr Kind steuern können", sagt Karin Schuhmann.

Die meisten brächten eine „hohe Bereitschaft" mit, Grundlage für den Therapieerfolg. Schließlich leiden sie unter der Situation oftmals genauso wie ihre Kinder, die sich als Außenseiter fühlen. „Ich glaube, der liebe Gott hat mir keine Seele gegeben", sagte ein Mädchen zu Susanne Schlüter-Müller.

Was aber, wenn die Eltern selbst Teil des Problems sind, weil sie selbst wenig oder keine Empathie haben? Oder das Problem nur bei anderen sehen – den Lehrern, der Erzieherin oder beim Kind selbst – das „von uns eigentlich nur ein bisschen repariert werden muss", so Christine McGuire.

Die Therapeutinnen haben dafür ein gewisses Verständnis. „Es ist ja durchaus auch eine Kränkung für Eltern, dass sie professionelle Hilfe brauchen", sagt Karin Schuhmann. In diesem Fall setzen sie – ähnlich wie bei den Kindern – auf rationale Einsicht und konkrete Verhaltenstipps. „Wir erklären ihnen zum Beispiel, dass es wissenschaftlich bewiesen sei, dass Loben mehr hilft als Strafen." Dass es mehr bringt, auch ganz kleine Fortschritte anzuerkennen als am Fehlverhalten des Kindes herumzunörgeln.

Fast alle Eltern lassen sich so gewinnen. Auch die von Paul, der auf einmal weinen konnte.

Der Erziehungsstil der Eltern

Kinder aus unteren Schichten tragen ein doppelt so hohes Risiko, eine Störung des Sozialverhaltens zu entwickeln wie ein Kind aus der Oberschicht, sagt die BELLA-Studie aus dem Jahr 2007.[136] Die Chancen auf eine gesunde seelische Entwicklung sind also von vornherein ungerecht verteilt.

Bei der Hälfte der betroffenen Kinder verschwinden die Probleme mit dem Erwachsenwerden. Doch woran liegt das? Warum entwickeln manche Kinder erst gar keine Störung, obwohl sie doch ähnlich schlechte Bedingungen haben wie beispielsweise ihre Geschwister?

Forscher gehen heute von einem Zusammenspiel vieler Faktoren aus. „Ungünstige Umweltfaktoren treffen auf ungünstige biologische Merkmale", fasst Kinderpsychiater Timo Vloet zusammen. Ein Neugeborenes hat beispielsweise ein angeborenes „ungünstiges Temperament". Wächst dieses „Schreikind" bei einer sehr jungen, überforderten Mutter auf, die sich isoliert fühlt und selbst wenig empathisch ist, steigt das Risiko rapide, dass das Kind später sozial auffällig wird. Hat das Schreikind dagegen geduldige, liebevolle Eltern, die wissen, wie man sich Unterstützung holt, sind seine Chancen gut, sich zu einem mitfühlenden Menschen zu entwickeln.

Dissoziales Verhalten ist also kein unabwendbares Schicksal. Auf jedes Kind wirken neben den genetischen und biologischen auch psychosoziale Risiko- oder Schutzfaktoren. Negativ wirken beispielsweise Arbeitslosigkeit, Delinquenz und psychische Erkrankungen der Eltern, erfahrene Misshandlung[137] sowie der mehrmalige Verlust einer Vertrauensperson vor dem elften Lebensjahr des Kindes.[138]

Große Bedeutung messen Forscher jedoch dem Erziehungsstil der Eltern bei, im positiven wie im negativen. Als problematisch gilt besonders Inkonsequenz, das Schwanken zwischen übertriebener Härte und Vernachlässigung. Eltern, die das Fehlverhalten ihres Kindes hart bestrafen, seine Anstrengungen aber selten loben, belohnen damit unbewusst das unverwünschte Verhalten, indem sie ihm ihre Aufmerksamkeit schenken. Damit erhöhen sie das Risiko für eine antisoziale Persönlichkeitsstörung.[139]

Der New Yorker Entwicklungspsychologe Martin L. Hoffman hat sich mit Erziehungsstilen beschäftigt, die die Empathiefähigkeit fördern. Er rät zu einem „induktiven Erziehungsstil". Eltern sollten ihren Kindern erklären, welche Folgen ihr Verhalten für andere Menschen hat. Beispielsweise: „Es tut Anna weh, wenn du sie schlägst", oder: „Wenn wir Tim das Buch mitbringen, freut er sich." So lerne das Kind, Zusammenhänge zu verstehen, sich in andere hineinzuversetzen und deren Perspektive zu übernehmen. Schließlich betonten diese Erklärungen („Induktionen") die Verantwortlichkeit des Kindes für die Folgen seines Tuns.[140] Erklären ist besser statt nur zu belehren: „Das tut man nicht."

Als wirksam erweist sich auch, wenn Kinder prosoziales Handeln unter Anleitung ausprobieren. Selbst wenn sie dazu zunächst keine Lust haben, verhalten sie sich später auch unaufgefordert sozialer. Das zeigte eine Studie über Jugendliche, die an ihrer Schule zu Sozialdiensten verpflichtet worden waren. Danach tendierten sie eher dazu, solche sozialen Dienste auch freiwillig zu übernehmen, als andere, denen keine Aufgaben übertragen worden waren.[141]

Jerry Burger, Psychologieprofessor an der Santa Clara Universität in Kalifornien, bezeichnet dies als den „Fuß-in-der-Tür"-Effekt: Wenn Kinder und Jugendliche prosoziales Verhalten ausprobieren, wirkt es in mehrfacher Weise auf sie zurück:[142]

- als Belohnung: Es fühlt sich gut an, etwas Positives bewirkt zu haben, zumal wenn man die Dankbarkeit der Person wahrnimmt, der man geholfen hat;

- als gesteigertes Selbstvertrauen: Kinder und Jugendliche erfahren, dass sie in ihre Fähigkeiten vertrauen können, anderen zu helfen;

- als bessere Selbstwahrnehmung: Helfen ändert die Vorstellung darüber, was man für ein Mensch ist. Jugendliche, die sich für wenig prosozial halten, lernen eine ganz andere Seite an sich kennen. Das veränderte Selbstbild wiederum wirkt sich auf künftige Entscheidungen aus.

Beim Erlernen – oder Bewahren – empathischer Fähigkeiten sind allerdings nicht nur die Eltern gefragt. Es gilt vielmehr das afrikanische Sprichwort: „Es braucht ein Dorf, um ein Kind zu erziehen." Genau genommen braucht es kein Dorf, sondern oft nur ein oder zwei wohlmeinende und verlässliche Erwachsene, um Kinder aus einem „psychosozial hoch belasteten Umfeld"[143] vor Schaden zu bewahren. Wenn ein Kind eine gute Beziehung zu einem Menschen hat – beispielsweise zur Großmutter, dem Lehrer, einem vertrauten Nachbarn – von dem es sich gefördert und unterstützt fühlt, ist diese Beziehung vielleicht der entscheidende Faktor, der es vor unsozialem Verhalten bewahrt oder dies zumindest mildert.

9. Prävention in der Schule

Die Macht der Worte

Gewalt fängt mit Worten an und lässt sich mit Worten verhindern. Das Programm „Faustlos"[144] bringt Kindern die Macht der Kommunikation bei.

„Hi, Lars!" Die neunjährige Elham bleibt stehen. „Du hast ja ganz schön viele Kekse." Begierig schaut sie auf seine Hände, mit denen er behutsam einen großen, imaginären Korb festhält. „Hi", antwortet der Junge, „auch einen?" Beide kauen mit aufgeblasenen Backen. Plötzlich drückt Lars ihr den ganzen Schatz in die Hand. „Hältst du mal?" Er hat einen unsichtbaren Klassenkameraden entdeckt und läuft ihm hinterher. „Klar!", sagt Elham und steckt sich genüsslich einen Luftkeks nach dem anderen in den Mund. „Hey!", regt sich der Junge auf, als er zurückkehrt, er schaut zornig drein: „Die hab' ich doch für meine Oma gebacken!"

„Du hast doch selber welche gegessen!", blafft das Mädchen mit den langen Zöpfen zurück und wendet sich erregt ab. Gleich wird es Streit geben. Doch dann sieht man, wie sich Elhams Schultern ein paarmal demonstrativ heben und senken. Sie atmet tief durch. Als sie sich Lars wieder zuwendet, lächelt sie: „Komm, wir backen einfach neue", schlägt sie vor. Lars zögert einen Moment, dann nickt er. Gemeinsam verlassen sie die „Bühne".

Elham und Lars proben ein Rollenspiel, 21 Mitschüler der Klasse drei und Lehrerin Paula Rühe schauen zu. Die Klasse sitzt auf dem Teppichboden im Musikzimmer ihrer Grundschule in Berlin-Schöneberg. In einer Ecke stehen Kongas und Rasseln auf dem Boden, an der Wand kleben Plakate, die die Kinder aus Fotos und buntem Karton gebastelt haben. „Usher" steht in Wachsmalkreide auf einem, „Dieter Bohlen" und „Jesse McCartney" auf anderen.

Es ist Donnerstag, dritte Stunde. „Faustlos" steht auf dem Stundenplan. Die Neun- bis Zehnjährigen lernen, wie Kommunikation ohne Gewalt funktioniert. Paula Rühe trainiert dies nicht nur mit schwierigen Kindern, sondern mit der ganzen Klasse.

Sie lobt das Mädchen mit den ernsten Augen, das eben noch die Keksdiebin war: „Sehr schön, Elham, aber die Entschuldigung hat gefehlt. Du hast sehr nett gelächelt, und das hat Lars als Entschuldigung angenommen. Aber noch besser wäre es, wenn du das auch sagst, zum Beispiel: ,Die Kekse waren so lecker, und ich konnte nicht aufhören, bitte entschuldige!'" Die Lehrerin legt dabei die Handflächen zu einer flehenden Geste zusammen. Elham neigt den Kopf zur Seite, überlegt kurz und nickt.

Klassenlehrerin Paula Rühe hat „Faustlos", das vom Heidelberger Familientherapeuten Manfred Cierpka entwickelt wurde, vor vier Jahren bei einer Fortbildung der Friedrich-Ebert-Stiftung in Berlin kennengelernt. Sie war von dem Konzept sofort überzeugt: „Man wartet nicht, bis etwas passiert, sondern zeigt den Kindern von Anfang an gut strukturiert, wie sie freundlich miteinander umgehen können." Rühe ließ sich zur „Faustlos"-Lehrerin ausbilden und ist seitdem an ihrer Schule so etwas wie die Botschafterin für das aus den USA stammende Programm. Zwanzig ihrer dreißig Kollegen hat sie bereits davon überzeugt, Schulungen zu besuchen.

Ziel des Programms ist es, Gewalt an den Schulen erst gar nicht aufkommen zu lassen. Manfred Cierpka, der das Institut für Psychosomatische Kooperationsforschung an der Heidelberger Universitätsklinik leitet, suchte schon Anfang der Neunzigerjahre ein Präventionsprogramm, weil er den Eindruck hatte, dass die Täter immer jünger wurden und „wir der Gewalt immer einen Schritt hinterherhinken".
In Seattle wurde er fündig: Man müsse mit der Prävention früh beginnen, bevor sich aggressive Verhaltensmuster in den Köpfen der Kinder festsetzten, am besten schon bei Fünfjährigen, argumentierte die Erfinderin des Programms „Second Step", die Pädagogin Kathy Beland. Die Kinder sollten keine Verhaltensregeln pauken, sondern ihre Emotionalität und Empfindsamkeit schulen. Dass der Schwerpunkt des Programms auf der Empathie lag, begeisterte Psychoanalytiker Cierpka: „Zu spüren, was der andere spürt, ist zugleich auch die Grundlage jeder Psychoanalyse. Natürlich hat mich das hellhörig gemacht."

Er ließ das Unterrichtsmaterial übersetzen, testete das Programm an Heidelberger Schulen und passte es in mehreren Schritten an die deutschen Verhältnisse und Sprachgepflogenheiten an.
Das „Faustlos"-Programm erstreckt sich über drei Jahre und kann schon in der ersten Klasse beginnen. Dabei, betont Cierpka, geht es nicht um das Training von erwünsch-

tem Verhalten, um das Kaschieren von Ärger und Wut, sondern um aufmerksames Zuhören, genaues Hinsehen und In-Sich-Hineinhorchen. Um Feinfühligkeit und Rücksicht den anderen, aber auch sich selbst gegenüber.

Cierpka nennt das „die Beziehungskompetenz der Kinder fördern". Soziale und emotionale Kompetenzen wie Empathie, Problemlösen und Rücksichtnahme seien genauso wichtig wie das Sachwissen und wirkten auch auf die Familien der Kinder zurück.

Grundschullehrerin Paula Rühe ist eine von inzwischen mehreren zehntausend Pädagogen in Deutschland, die das Programm im Unterricht nutzen: „Ich würde am liebsten nur noch 'Faustlos' machen", erklärt die Sportlehrerin zwischen zwei Schulstunden, während sie mit energischen Schritten den Flur durchmisst und dann die breite Steintreppe hinaufeilt, immer zwei Stufen auf einmal nehmend. Und auch wenn ihre Augen etwas müde aussehen, scheint es genau das zu sein, was ihr Spaß macht am Unterrichten: „Nie weiß man, was als Nächstes kommt." Vierzig Prozent ihrer Schüler im bunt gemischten Bezirk Tempelhof-Schöneberg kommen aus Migrantenfamilien: „Wir sind keine Problemschule – aber die Kinder sind sehr unterschiedlich. Manche kommen aus heilen Familien, bei anderen ist es zu Hause total chaotisch."

Die 42-jährige Lehrerin hat „meine Mäuse", wie sie die Kinder nennt, in ihr Herz geschlossen – und setzt sich für alles ein, was die Zusammenarbeit angenehmer und konfliktärmer macht. „Damit", sie klopft auf den Koffer mit den „Faustlos"-Materialien, „habe ich etwas in der Hand." Ein Regelwerk. „Ich muss nicht alles allein machen. Das ist extrem entlastend." Wenn ein Kind verstanden hat, warum es ein anderes Kind wütend oder traurig gemacht hat, erübrigen sich meist Belehrungen nach dem Schema „So etwas tut man nicht".

Das Thema der heutigen Stunde heißt „Impulskontrolle". Paula Rühe erklärt es den Kindern so: „Heute geht es darum: Was machen wir, wenn wir einen Vorwurf bekommen?" Zuerst eine Begriffserklärung. „Was ist denn ein Vorwurf?", fragt sie in die Runde. Ein Arm schnellt nach oben: „Wenn einer im Tor steht und man sagt: ‚Oh, Mann, wieso hast du den Ball nicht gehalten?'" – „Oder wenn man sagt, du warst gemein, dabei war er es gar nicht." „Sondern jemand anderes", ergänzt ein Mädchen.

Die Lehrerin legt ein Bild auf den Overheadprojektor, das einen Jungen und ein Mädchen zeigt: Das Mädchen ballt die Fäuste und macht ein grimmiges Gesicht. „Ich erzähl' euch mal die Geschichte dazu", beginnt Rühe. „Susanne hat Alexander ein Buch geliehen. Als er es ihr wiedergibt, ist ein Fleck drauf. Susanne behauptet, dass Alexander den Fleck auf das Buch gemacht hat. Sie ist sehr ärgerlich. Was meint ihr, was ist das Problem?"

Die Kinder schweigen. „Guckt doch mal, wie geht's denn dem Alexander hier auf dem Bild?" – „Alexander geht's nicht so gut", sagt vorsichtig ein Mädchen aus dem Kreis. „Das erkennt man an seinem Gesichtsausdruck und an der Körperhaltung", fügt eine Mitschülerin hinzu. „Und was hat er für ein Gefühl?", fragt Rühe. „Traurig", sagt ein Junge. „Wütend!", korrigieren ihn fast gleichzeitig zwei andere Kinder. „Genau. Und was könnte er jetzt tun?"

Paula Rühe beginnt, während sie fragt, eine Zahlenreihe an die Tafel zu schreiben: Sie beginnt mit einer großen „1" mit einem Punkt dahinter. „Dreimal tief durchatmen", schlägt David, ein schmaler, etwas blasser Junge vor. „Genau, sich beruhigen", lobt die Lehrerin und schreibt das hinter die Ziffer. Sie malt eine „2" darunter. „Was noch?" – „Sich sagen, ich weiß, dass ich es nicht war. Und vielleicht glaubt sie es ihm später doch." – „Also, sich selbst gut zureden. Und drittens? Was sollte er jetzt tun?" Wieder meldet sich ein Mädchen zu Wort: „Er könnte sagen: ‚Ich weiß, dass du wütend bist, aber ich war das nicht.'" – „Sehr gut! Die Gefühle des anderen aufgreifen, das ist eine gute Idee. Jetzt stellen wir uns mal vor, dass Alexander plötzlich einfällt: Stimmt, das war ich ja doch!" – „Entschuldige, ich hab' das gemacht, aber ich kann dir zum Trost ein anderes Buch schenken", schlägt das Mädchen vor. – „Oder ihr das Geld für das Buch geben", ruft ein Junge hinein. „Ihr habt großartige Ideen", lobt Rühe, und sie schreibt unter „3." an die Tafel: „erklären & entschuldigen" und erläutert dazu: „Und dann kann man gucken, wie man einen Ausgleich findet, um es wiedergutzumachen."

Die Kinder haben schon die meisten der 51 „Faustlos"-Lektionen durchlaufen. Die drei Kapitel, aus denen das Programm besteht, tragen die Überschriften: „Empathie", „Impulskontrolle" und „Umgang mit Ärger und Wut". In den Empathie-Stunden, der Basis für alle weiteren Lektionen, lernen die Kinder, ihre Gefühle und die Emotionen anderer überhaupt erst wahrzunehmen und zu akzeptieren. Sie lernen, wütende von traurigen oder ängstlichen Gesichtern zu unterscheiden, und dass unterschiedliche Menschen in derselben Situation unterschiedliche Gefühle entwickeln können.

Ziel der „Impulskontrolle" ist es, dass Kinder ihr seelisches Gleichgewicht auch dann noch aufrechterhalten können, wenn ihre Bedürfnisse nicht sofort befriedigt werden. Anstatt zum Beispiel einem anderen etwas wegzunehmen, weil die Gelegenheit günstig ist, üben sie, kurz innezuhalten und sich zu fragen, ob es jemandem schaden könnte.

„Umgang mit Ärger und Wut" schließt unmittelbar daran an. Zwar sehen Cierpka und seine Heidelberger Kollegen Wut, Aggressivität und Ärger als Teil der menschlichen Natur an und wollen sie Kindern daher nicht abgewöhnen, aber ihnen dabei helfen, sich nicht in ihren Ärger hineinzusteigern, nicht „blind vor Wut" zu werden. Dabei hilft es zum Beispiel, einen Moment lang innezuhalten und tief Luft zu holen, so wie Elham.

Die Tipps für solche Situationen sind kurz und griffig. Schließlich sollen die Jungen und Mädchen nicht mit komplizierter Theorie überfrachtet werden. Aber sie müssen „üben, üben, üben", sagt Paula Rühe. Das habe nichts mit Paukerei zu tun, sondern mit Sicherheit. Wie sonst sollten sie in einer Stresssituation in der Lage sein, auf die neuen Strategien zurückzugreifen? „Struktur", sagt sie, „gibt Sicherheit. Das geht auch uns Erwachsenen so." Und wenn sie die Struktur erst einmal beherrschten, dann redeten die Kinder über ihre Gefühle. „Sie offenbaren ihr Innerstes, daran ist überhaupt nichts Auswendiggelerntes."

Rühe ist von den Fortschritten der Jungen und Mädchen begeistert: „Am Anfang des Schuljahres konnten achtzig Prozent noch gar nicht unterscheiden, ob jemand wütend oder traurig aussieht." Jetzt schon. Studien bestätigen, dass „Faustlos" die Hoffnungen seiner Begründer erfüllt. Schon 1997 zeigte eine Untersuchung an 49 Grundschulen in den USA, dass sich nach der „Second Step"-Methode geschulte Kinder sechs Monate nach Ende des Programms seltener beleidigten und schlugen als Schüler aus Vergleichsklassen ohne Training. In den folgenden Jahren wurden weitere Studien veröffentlicht, die den Erfolg von „Second Step" belegten. Andreas Schick und Manfred Cierpka untersuchten 2003 erstmals das deutsche „Faustlos"-Programm: „Faustlos"-Kinder waren nicht nur besser in der Lage, die Perspektive anderer einzunehmen, sondern auch signifikant weniger ängstlich als andere Kinder. Insbesondere Jungen und aggressivere Kinder profitierten von dem Programm, belegt auch eine aktuelle Studie von Ulrike Bowi, Gudrun Ott und Wolfgang Tress.[145]

Ebenfalls sichtbare Ergebnisse zeigt das einjährige „Faustlos"-Kindergartenprogramm, das ohne Tafel und Kreide auskommt. Dafür leben zwei Handpuppen, deren Temperamente unterschiedlicher nicht sein könnten, den Kindern ein friedliches Miteinander vor: der aufbrausende Hund „Wilder Willi" und die stets besonnene „ruhige Schneck". Sie zeigen Kindern schon früh den Weg zu Perspektivübernahme, Problemlösung und Impulskontrolle. Kinder aus „Faustlos"-Kindergärten können die Gefühle anderer besser unterscheiden, reagieren kompetenter auf Probleme und gelassener auf Stress.

Vom Erfolg von „Faustlos" war Cierpka von Anfang an überzeugt. „Ich hatte ja in Amerika gesehen, dass es funktioniert." Dennoch – er hatte anfangs gedacht, dass er vielleicht ein paar Hundert Schulen und Kindergärten zur Teilnahme bewegen würde. „Dass es gleich mehrere Tausend werden, damit habe ich nicht gerechnet."

Der Ansturm auf die „Faustlos"-Seminare und -Materialien zeigt, wie dringend Lehrer nach Unterstützung suchen. „Der Unterricht fällt mir viel leichter", hört Cierpka oft, oder: „Auf dem Schulhof ist es ruhiger geworden." Und immer wieder erzählen erstaunte Eltern, dass ihre Kinder sie zu Hause korrigieren: „In der Schule habe ich gelernt, dass man sich entschuldigt, wenn man den anderen verletzt hat."

„Alles hat sich verändert", schwärmt auch Paula Rühe. „Die Stimmung in der Klasse ist einfach schön. Es ist viel gemütlicher geworden. Die Kinder halten besser zusammen."

Dabei ist „Faustlos" gewiss kein Wundermittel. Außenseiter bleiben Außenseiter, und es entstehen keine Freundschaften zwischen Kindern, die sich nicht gut riechen können. „Aber der, der am Boden liegt, wird nicht noch getreten", stellt Rühe klar. „Wenn einer sagt: ‚Es macht mich wütend, wenn du mich „rote Tomate" nennst, ich möchte, dass du damit aufhörst', dann wird das respektiert." Damit der Respekt auch in den höheren Klassen nicht verloren geht, haben Cierpka und seine Kollegen das „Faustlos"-Programm vor kurzem auf die Sekundarstufe erweitert.

Es ist wieder Donnerstag, „Faustlos"-Stunde in der Grundschule in Schöneberg. Paula Rühe beginnt mit einer „Blitzrunde". Die Schüler haben vergangene Woche ein Theaterstück aufgeführt, in dem sie Eltern, Geschwistern und Mitschülern das Programm erklärten. Die Reihe ist an

Noah, der am Freitag gefehlt hat. „Wir haben dich vermisst", sagt Rühe. „Und den anderen hast du gesagt, dass du Bauchschmerzen hattest." Noah nickt. „Sag mal, hattest du vielleicht Bauchschmerzen, weil du so aufgeregt warst?" Der Junge schaut zu Boden und nickt erneut. „Wer sonst war auch aufgeregt?" Rühe schaut in die Runde. Alle melden sich, bis auf Young-Jun, der oft Klavierkonzerte gibt und öffentliches Auftreten gewohnt ist. „Und wie hat sich das angefühlt?" Tim antwortet: „Ich konnte nicht einschlafen, und meine Mama musste noch mal kommen. Und dann habe mir gedacht: Wird schon werden." Elham ist an der Reihe und sagt: „Ich bin nervös geworden, weil ich mich während der Aufführung versprochen habe. Und da habe ich mir vorgestellt, dass die da im Publikum alle in Unterhosen sitzen." Sie lächelt verschmitzt: „Und das ist doch viel peinlicher für die als für mich."

Die Klasse als Lehrer

Kinder lernen soziales Verhalten und Empathie nicht nur von Erwachsenen, sondern in besonderem Maß auch von anderen Kindern. Diese Erkenntnis nutzt die Grund- und Hauptschule im schwäbischen Ammerbuch-Altingen.

Mike und Thomas sitzen sich an einem kleinen Tisch im Besprechungszimmer gegenüber. Die beiden Achtklässler wirken angespannt. Mike schaut finster. Die Finger von Thomas trommeln auf den Tisch. Vor ihnen liegt ein Vertrag.

Der Vertrag markiert den Schlusspunkt unter einem seit längerem schwelenden Konflikt in Klasse acht. Der begann vor einigen Monaten scheinbar harmlos mit der Verballhornung von Mikes Nachnamen. Dann folgten Sticheleien über seinen Körpergeruch. Einer versprühte demonstrativ Deo im Klassenzimmer. „Mike stinkt", hieß es. Viele machten mit, vor allem Thomas. „Ärgerspiele" nennt Schulsozialarbeiter Walter Brückner solche Rituale, für Mike waren sie kein Spiel mehr. Der große und schwere Junge, weniger wortgewandt als seine Peiniger, wusste nicht, wie er sich wehren sollte. Einmal rannte er mitten in der Stunde aus der Schule.

Die Stimmung ist ernst, als sich eine Stunde später die ganze Klasse im Stuhlkreis zur „Schülerversammlung" trifft. Der Schulsozialarbeiter eröffnet die Runde. Er nennt das Problem beim Namen: „Ausgrenzung". Es gehe nicht nur um Mike und Thomas. „Es gibt auch andere, die geärgert werden."

Nach und nach trauen sich einige Schüler aus der Deckung. Luisa, sichtlich aufgewühlt, hebt den Finger und will erzählen. Stattdessen bricht sie in Tränen aus. Die Klasse schaut betroffen.

Die dritte Stunde am Freitag ist reserviert für den Klassenrat. An der Grund- und Hauptschule in Altingen bei Tübingen ist der Klassenrat eine Institution, so wichtig wie Deutsch oder Mathe, und wenn ein Problem drängt, muss dafür auch mal kurzfristig eine Mathestunde ausfallen. Denn wer kapiert schon Prozentrechnen, wenn er vor Wut kocht? Der Klassenrat ist an dieser kleinen Schule – 187 Schüler, davon 25 Prozent Migranten – das Parlament der Schüler. Hier lernen sie Demokratie nach strengen Regeln: Es spricht nur, wer an der Reihe ist, man hört zu, keiner darf diffamiert werden. Der Gedanke dahinter: Nur wer erfährt, dass er selbst gerecht behandelt wird, kann auch zu anderen gerecht sein. Nur wer sich verstanden fühlt, kann andere verstehen.

Das tägliche Miteinander ist ein wichtiger Teil des „Altinger Modells", das Schulleiter Ulrich Scheufele, 58, mit seinem Kollegium seit über zwanzig Jahren fortentwickelt, ein Reformkonzept, das großen Wert auf Gerechtigkeit und menschlichen Umgang legt. Fähigkeiten, die nicht unbedingt im Lehrplan stehen, die aber dafür sorgen, dass es an dieser Hauptschule kaum Gewalt gibt. „Zwei Fälle in zwanzig Jahren", sagt Scheufele.

Im Dezember 2008 wurde Altingen als eine der besten Schulen in Deutschland mit dem „Deutschen Schulpreis" ausgezeichnet. Besonders ist allerdings nicht nur ihr Fachunterricht, der Kindern echte, sinnliche und lebensnahe Erfahrungen vermittelt und immer wieder durch Experten – beispielsweise Schauspieler, Handwerker, Ameisenforscher, selbst durch einen echten Indianer – belebt wird.

Besonders ist, dass die Schule auf eine „Lehrkraft" setzt, deren Bedeutung sonst oft noch unterschätzt wird: die Klasse.

„Das soziale Lernen ist so wichtig wie das kognitive Lernen, es ist die Voraussetzung, dass man sich fürs kognitive Lernen öffnen kann", sagt der Rektor. Schon in der ersten Klasse lernen die Altinger Schüler, dass sie sich Hilfe holen können, wenn sie drangsaliert werden oder sich ungerecht behandelt fühlen. Jedes Kind soll eine Stimme bekommen, auch die weniger Wortgewandten. Das nötige Selbstbewusstsein entwickeln die Schüchternen im Klassenrat, der wichtigsten Instanz der Basisdemokratie. Jeder Schüler kann die Runde zu jeder Zeit einberufen, wenn ihn ein Problem plagt. Der Rat kann bei Konflikten über eine Wiedergutmachung entscheiden. Auch der Lehrer entscheidet mit. Aber er hat eine Stimme, genauso wie jedes Kind. Theoretisch hat er auch ein Vetorecht, sollte die Entscheidung des Rates gegen die Würde eines Schülers oder gegen die Schulordnung verstoßen. Das kam bisher allerdings selten vor.

Zu Beginn von Klasse fünf nehmen sich die Lehrer reichlich Zeit für den Aufbau der Klassengemeinschaft. Viele Kinder kommen anfangs gedrückt. Die Freunde aus der alten Klasse durften aufs Gymnasium oder auf die Realschule, sie dagegen sind „nur" Hauptschüler. Das vergessen sie allerdings schnell, wenn sie es geschafft haben, beim einwöchigen „Sozialtraining" auf eine himmelstürmende Tanne zu klettern und sich dabei gegenseitig zu sichern. „Wenn einer runterfällt, wird er von den anderen gehalten", sagt Sören selbstbewusst. Sein Klassenkamerad erzählt, wie er auf 18 Meter geklettert ist, „obwohl ich doch Höhenangst habe". Was sie dabei gelernt haben, fragt Klassenlehrerin Jutta Hanner. „Zusammen ist man stärker", sagen die beiden Jungs stolz.

Diesen Satz hört man in Altingen oft. Doch wer glaubt, soziale Fähigkeiten – einmal erlernt – säßen für immer, der täuscht sich. „Wir üben uns täglich darin, und es gelingt mal mehr und mal weniger", sagt Lehrerin Karina Vogel-Pahls bescheiden.

Das zeigt sich auch am Konflikt in Klasse acht, der schon seit Monaten schwelt. Joao meldet sich, er will die Schülerversammlung leiten. Er wiederholt für alle noch mal kurz die Regeln: Nur in der Ich-Form sprechen, den anderen ausreden lassen, ihn nicht beleidigen, Wiederholungen vermeiden. Nur wer den roten Ball in Händen hält, darf sprechen.

Mike sagt, worauf es ihm ankommt: „Dass man mich respektiert." Er würde an Mikes Stelle auch aus dem Klassenzimmer rennen, bekennt ein Mitschüler. Mike müsse sich aber „auch an die eigene Nase fassen", wendet Edy, der Klassensprecher, ein. Das Problem liege nicht nur an der Klasse. „Sag es ihm direkt, was du dir von ihm wünschst", wird Edy aufgefordert. Edy wird deutlich: „Ich will nicht mehr, dass du deine Wut an mir auslässt, ich will von dir nicht mehr mit einer Schere bedroht werden." Nun zeigt sich eine andere Seite von Mike: Es gefällt ihm, seine Mitschüler von hinten zu attackieren. Er piekst sie in die Seiten, so dass sie vor Schreck zusammenzucken und „hopsen".

Jetzt sollen Vorschläge gemacht werden, wie der Streit zu lösen ist. Das Ziel: Mike, Edy und Thomas müssen keine Freunde werden, aber sie sollen respektvoll miteinander umgehen. Thomas berichtet von dem Vertrag, den er eine Stunde zuvor mit Mike geschlossen hat: keine Provokationen, keine Beleidigungen mehr. Sollte es noch mal dumme Kommentare von Mitschülern geben, wird sich Thomas demonstrativ auf Mikes Seite stellen. „Aber ich will nicht ausgelacht werden", fordert Thomas von der Klasse. „Es soll keiner sagen, dass ich mich bei Mike einschleime." Es folgen eine Menge Vorschläge, wie sich das Klassenklima verbessern ließe. Mike könnte ein Papier zerknüllen, wenn er wütend ist, schlägt ein Junge vor. Oder den Boxsack traktieren. „Ich bin bereit, dich nicht mehr zu beleidigen", sagt ein anderer, „wenn du aufhörst, mich zu pieksen."

Nach gut einer Stunde ist die Aussprache in Klasse acht zu Ende. Thomas und Mike geben sich die Hand. Als sie in die Pause gehen, sehen alle erleichtert aus.

Es geht den Lehrern in Altingen nicht nur ums Wohlfühlen, sondern auch um Qualitäten für den späteren Beruf. Betriebe schätzen das Selbstwertgefühl der Absolventen aus Altingen ebenso wie ihre Fähigkeit, im Team ausgleichend zu wirken. In den letzten Jahren fanden 76 Prozent der Absolventen eine Lehrstelle, weitere 18 Prozent machten den Realschulabschluss, berichtet Ulrich Scheufele.

Der Schulleiter hat in vielen Jahren seine Philosophie vom Umgang mit Kindern entwickelt. Er weiß, auf andere zu achten, muss vorgelebt werden, von jedem Lehrer, jeden Tag. Manche Schüler bittet er zum „Freitagsgespräch" nach dem Unterricht zu sich in sein Büro.

Zweitklässler Johannes, blond, Sommersprossen, schlurft grußlos herein. „Moment, das müssen wir noch mal üben", sagt Scheufele, und Johannes geht noch mal raus, kommt wieder, jetzt mit einem freundlichen „Hallo Herr Scheufele" und einem festen Blick in die Augen. „Gut gemacht", sagt der Rektor. „Wenn man sich freundlich anguckt, gibt das ein gutes Gefühl. Wo spürt man das?" Johannes zeigt auf seine Herzgegend. Er erzählt, wie es ihm im Unterricht geht, auch davon, dass er „zu viel Quatsch gemacht hat", wie er einräumt. „Aber ich war nicht der Einzige."

Scheufele hakt nach, stellt klar, was schlecht lief, fordert ein, lobt, ermutigt. Er kennt fast jeden seiner 187 Schüler, besonderes die Hauptschüler, er weiß, wie die Kinder ticken, ist aber bei Konflikten nicht so involviert wie die Klassenlehrer und kann sie entlasten. Hier, das ist offensichtlich, legt man Wert auf Beziehung. „Empathie lerne ich durch das Gefühl: Ich werde geschätzt", so der Schulleiter. Freitagsgespräche beginnen meist mit einer einfachen Frage: „Wie geht es dir?"

Adil geht es nicht besonders, er knetet die Hände und kaut an seinem T-Shirt. Wenn Adil die anderen bei der Arbeit stört, soll er zum Rektor gehen, um sich zu beruhigen. Doch heute ist er nicht gekommen und das hat einen Grund. „Weißt du, was mich saumäßig geärgert hat?", fragt Scheufele den Fünftklässler. „Dass ich mit Steinen geworfen hab?", vermutet Adil, und schiebt ein trotziges „Na und!" hinterher. „Mit Steinen werfen ist das Allerletzte!", stellt Ulrich Scheufele klar. Die Sanktion folgt auf dem Fuß: zwei Stunden Sozialdienst. Dennoch verabschiedet er Adil freundlich.

Sich Zeit zu nehmen für jedes Kind, ist ein Privileg einer kleinen Schule. Aber zugleich ist es in Altingen auch gewollt, weil die Schule die Verbesserung des komplizierten Beziehungsgeflechts zwischen mehr als 200 Menschen – Lehrer und Schüler – als ihre Aufgabe ansieht. Beziehung, hoch störungsanfällig gerade in der Schule, geschieht hier nicht nebenbei, ist nicht dem Zufall überlassen, sondern ist der Stoff, an dem jeden Tag gewoben wird, und ist ein Loch im Gewebe, wird es geduldig repariert.

Dies verlangt Empathie in vielerlei Formen. Umgangsformen gehören dazu, sagt Scheufele. Guten Morgen, Danke, Bitte. „Entschuldigung, ich habe dich unterbrochen", sagen auch die Lehrer.

Empathie ist Selbstwahrnehmung. Das üben die Schüler im Morgenritual, beispielsweise einer Gedichtrezitation oder einer Meditation. Im Rhythmikunterricht sollen die Kinder sich selbst, den Raum, den anderen erspüren und herausfinden: Wie nah kann ich dich ertragen?

Empathie ist Gerechtigkeit. Die wohl schwierigste Disziplin. In Altingen wird Kindern viel zugemutet. Zum Beispiel, dass sie mit Unterstützung der Lehrer in die Lage versetzt werden, gemeinsam faire Lösungen für ein Problem zu finden. Das wird von Anfang an geübt, Woche für Woche, basisdemokratisch.

Demokratie ist für Kinder gewöhnlich ein blutleerer Begriff. Hier ist sie eine Haltung, ein Recht, eine Leidenschaft gar, die die Fetzen fliegen lässt. So wie bei der Wahl des neuen Schülersprechers.

Die Kandidaten stellen sich vor, auf einem Podium in der Turnhalle. Fünf Schüler kandidieren für das Amt. Edy, der Amtsinhaber, ein smarter Junge mit goldenem Kreuz um den Hals, hat sich wie ein Profi vorbereitet. Er wirbt mit einer Powerpoint-Präsentation und starken Worten: „Ich bin der Beste und der Erfahrenste", behauptet er siegessicher. Die anderen Kandidaten nehmen sich neben ihm ein bisschen blass aus. Für die große Pause hat Edy einen Gag geplant, er lässt sich unter „Edy-Edy"-Rufen seiner Fans in einem selbst gezimmerten Sarg auf den Pausenhof tragen. Dort springt er mit erhobener Faust aus der Kiste und wird gefeiert wie ein Star.

Doch plötzlich kippt die Stimmung. Einige Schüler nehmen das Megafon und stellen bohrende Fragen. Sie werfen dem Kandidaten vor, dass er sich in seiner Wahlrede mit fremden Federn geschmückt habe, als es darum ging, wer die Schülerparty letztes Jahr organisiert hat. „Du hattest damit gar nichts zu tun", ruft ein Junge. „Pfui, Sauerei, Betrug!", schallt es aus der Menge. Edy bekommt Beistand seiner Anhänger. „Ihr wollt ihn doch bloß fertigmachen!" Edy guckt verdutzt. „Niemand kann mich fertigmachen", sagt er. Und kriegt schnell die Kurve. „Ein Schülersprecher ist nichts ohne seine Schüler", sagt er. „Ich danke euch".

Doch mit der Action auf dem Schulhof ist das Thema nicht vom Tisch. Edy will eine Aussprache und bittet den Schulleiter hinzu. An der Wand des Klassenzimmers hängt der Satz: „Aus vielen wird ein Ganzes, nur wenn wir ganz sind, können wir viel erreichen." Edy bekennt, er sei sauer, weil die Kritik auf dem Schulhof überraschend und „hintenrum" kam, man habe ihn „gedisst", bloßgestellt, findet er. Die Kritik geht auch an die Adresse der Gegenkandidatin. „Wir wollten dich nicht schlecht machen", beschwichtigt Sarah. „Solange es sachlich bleibt, ist es in Ordnung", erklären die Lehrer.

In Ordnung ist aber nicht, dass Edy zu Sarah nach der Wahlkampfrede sagte: „Wenigstens habe ich nicht so dumm und behindert rumgestottert wie du." – Das behauptet nun Sarah empört. „Davor hat er mich noch umarmt und dann sagt er so was, das hat mich übel angekotzt!" Edy verteidigt sich: „Sarah, das hab ich so nicht gesagt, sei ehrlich." – „Na ja, vielleicht hast du nur ‚so dumm rumgestottert' gesagt", schränkt Sarah ein. Im Getümmel könne sie was missverstanden haben. Edy lenkt ein: Vielleicht habe er ja „rumgestottert" gesagt, „aber ich wollte dich nicht fertigmachen." – „Könntest du das als Entschuldigung akzeptieren?", fragt Ulrich Scheufele das Mädchen. Sarah nimmt Edys Entschuldigung an. Edy akzeptiert, dass Wahlkämpfer kritische Fragen aushalten müssen.

Eigentlich wollte Lehrerin Karina Vogel-Pahls in dieser Stunde das Thema „Dilemma" anhand eines fiktiven Falls im Religionsunterricht diskutieren. Heute aber ging Edys und Sarahs Ärger vor. Für die Lehrerin und den Schulleiter fast ein Glücksfall. „Dadurch", so ihr Fazit, „lernen sie doch hundertmal mehr als in jeder normalen Schulstunde."

10. Mitgefühl üben hinter Gittern

Der Bus auf dem Weg nach Adelsheim trägt keine Aufschrift und fällt doch auf den ersten Blick auf. Er hat keine Fenster, sondern hoch liegende Sehschlitze. Er ist neu. Der Beamte, der den Bus steuert, ist stolz auf sein modernes und leistungsfähiges Gefährt. Auf die Passagiere, die er transportiert, weniger. Richtige Stinktiere seien manchmal darunter, grummelt er.

Woche für Woche bringt der Transportbus Gefangene nach Adelsheim, ein rollendes Gefängnis, das nach Fahrplan zwischen den Anstalten in Baden-Württemberg hin- und herfährt und Häftlinge „verschubt", wie das im Justizjargon heißt.

Es muss ein merkwürdiges Erlebnis sein, in einer engen, von außen verschlossenen Kabine über die Autobahn zu fahren und die Welt durch einen handbreiten Spalt zu sehen. Feld, Wald, Wiesen, Dörfer, eine friedliche Puzzlelandschaft, die ein Dichter Madonnenländchen taufte, ihrer zahlreichen Bildstöcke mit Marienfiguren wegen, und vielleicht hoffte auch der Erbauer des Gefängnisses, als er diesen Ort dafür wählte, auf die heilsame Wirkung der sanftmütigen Landschaft.

Hoch über dem Städtchen Adelsheim taucht eine Betonmauer auf. Selbst wer schon ein paarmal dort war, ist immer wieder aufs Neue beeindruckt von ihrer wuchtigen Präsenz. Die Knastmauer, an manchen Stellen bunt gestrichen, ist fünfeinhalb Meter hoch und sehr glatt. Sie windet sich über das hügelige Gelände und umschließt ein gutes

Dutzend flacher Bauten. Wenn der Bus das hohe Metalltor passiert hat, muss er warten. Dann erst öffnet sich das zweite Tor zur Justizvollzugsanstalt.

Ausgerechnet hier sollen junge Gewalttäter Empathie lernen.

Der Bus parkt vor einem weißen Flachdachgebäude mit vergitterten Fenstern, dem Q-Bau. Oben hängen junge Männer an den Stäben. Sie rufen Unverständliches. Manchmal, beschwert sich der Busfahrer, werfen sie Butterstücke oder Marmeladengläschen auf ihn und seine Kollegen.

Im Zugangshaus müssen sich die Neuen ausziehen, Handys, Privatkleider und Wertsachen abliefern. Sie bekommen hellblaue Anstaltswäsche, gebrauchte Schuhe, zwei Wolldecken, einen Plastikbecher, ein Vesperbrett – alles genau abgezählt. Mindestens vierzehn Tage tragen sie Anstaltskleidung, sie soll verhindern, dass Neulinge „abgezockt" werden.

Knast bedeute „nahezu totale Reglementierung", sagt Joachim Walter. Oben und unten, Macht und Ohnmacht, Anordnung und Gehorsam. Doch der Anstaltsleiter, seit zwanzig Jahren in Adelsheim, hat den Ehrgeiz, die alten Frontstellungen aufzubrechen. Walter ist einer, der Menschen mag, selbst solche, deren Akten so Schreckliches enthalten, dass sie eigentlich keiner lesen mag. Sein Auftrag sei vorrangig Erziehung, nicht Strafe, betont er. Dazu muss man Optimist sein. Oder Realist. Walter ist beides. „Je rigider das Anstaltssystem, desto üppiger und brutaler die Subkultur",[146] ist seine nüchterne Erfahrung.

Mithäftlinge machen aus den Neulingen oftmals erst das, was sie vorher nicht waren – versierte Kriminelle, kaltblütige Profis. Der Foltermord im Siegburger Jugendgefängnis[147] zeigte, wie brutal das Regime hinter Gittern sein kann. Drei junge Männer hatten einen Zellengenossen über Stunden hinweg gedemütigt und ihn mehrmals gezwungen, sich selbst aufzuhängen, bis ihr Plan gelang. „Wir wollten wissen, wie es ist, einen Menschen zu töten", lautete ihre lapidare Begründung.

In Adelsheim gab es kein Morde, aber „wir sind auch kein Mädchenpensionat", betont Walter. Vor einigen Jahren beispielsweise versuchten junge Russlanddeutsche ihre eigenen Gesetze einzuführen, sie schotteten sich und andere „Russen" gegen „deutsche Kartoffeln" ab und traktierten ihre Leute mit einem strengen Verhaltens- und Strafkodex. Wer 23 Stunden mit einem anderen die Zelle teilt, sich niemals verbergen kann, auch nicht, wenn er hinter einem halbhohen Holzbrett auf der Toilette sitzt, der lernt diese spezifische Gefängnismacht kennen.

Die meisten Ängste der Gefangenen drehten sich darum, von den Mithäftlingen nicht akzeptiert zu werden, berichtet Joachim Walter. Erziehungsarbeit ohne sie, erst recht gegen sie, werde „schwerlich Erfolg haben".[148]

Also versucht er es mit ihnen. „Wir nehmen die Gefangenen ernst, sind ehrlich und behandeln sie menschlich und gerecht; sie können sich auf uns verlassen", heißt es im Mitarbeiter-Leitbild der Anstalt.

In Haus G 3 beispielsweise lösen die Gefangenen viele Alltagsprobleme in ihrem Hausparlament selbst, basisdemokratisch in der Vollversammlung – die Frage des Fernsehprogramms ebenso wie Putzdienste oder Konflikte zwischen Gefangenen. Die Idee dahinter ist die der demokratischen Gemeinschaft. Ein Mann, eine Stimme, das gilt auch für die fünf Vollzugsbeamten. Wenn sich ein JVA-Mitarbeiter, im Knastjargon „Wachtel" genannt, in der Vollversammlung auf die Seite der „Knackis" stellt, dann werden „eingespielte Rollenverhältnisse aufgebrochen". Auf einmal geht es nicht mehr um Personen, sondern um die Sache. Um Gerechtigkeit. Die Gefangenen wählen ein eigenes „Fairness-Komitee", das Konflikte schlichten soll. Es sorgt nicht nur für bessere Stimmung, sondern bringt einen wichtigen Nebeneffekt: Wer vermittelt, muss sich in die Rolle beider Seiten versetzen – lernt also, deren Perspektive zu übernehmen, eine wichtiger Bestandteil der Empathie.

Ein paar Schritte entfernt, im Haus F, sitzen „Langstrafige", wie sie im internen Jargon heißen. Vergewaltiger sind darunter, Mörder und junge Männer, die Kinder missbraucht haben, auch Schläger mit Wiederholungsgefahr. Sadisten seien eher die Ausnahme, betonen die Therapeuten. Die meisten Gefangenen hätten aber „erhebliche Entwicklungs-, Persönlichkeits- oder Verhaltensstörungen".

Haus F ist neu. Die Gitter vor den Zellenfenstern fallen hier nicht so auf wie bei den Nachbargebäuden. Thomas Schüßler öffnet die erste von zwei grauen Metalltüren. Schüßler ist Diplompsychologe und gehört zum Therapeuten-Team des Hauses, das sich „Sozialtherapeutische Abteilung" nennt. Er geht den langen Flur entlang, an 24 Zellentüren vorbei. Mehr Therapieplätze gibt es nicht für insgesamt 461 Häftlinge, nicht alle brauchen einen Platz, aber eine zweite Abteilung könnte er problemlos füllen, sagt der Psychologe. Die meisten Türen sind geschlossen. Die Gefangenen arbeiten oder gehen zur Schule. Das ist Teil des Konzepts, das auf Ausbildung einerseits, Einsicht und Verhaltensänderung andererseits setzt. „Ziel ist, anstelle der alten und problematischen Reaktionen neue

Verhaltensweisen zu erlernen und einzuüben, die einen anderen, nämlich straffreien Umgang mit persönlichen Schwierigkeiten ermöglichen", heißt es in der Konzeption der Abteilung.

Adelsheim hat in den Neunzigerjahren die Einrichtung einer Therapieabteilung bewilligt bekommen, aus der Einsicht heraus, dass es nicht gut sein kann, junge Sexualstraftäter nur wegzuschließen und sie eines Tages genauso zu entlassen, wie sie kamen, mit wenig Einsicht in ihre Tat.

Einer hat wortlos eine Frau auf einem Feld vergewaltigt. Ein anderer hat einen Klassenkameraden erniedrigt, gequält und zum Sex gezwungen. Zwei haben Kinder missbraucht. Allzu viele Details sollen nicht nach außen dringen. Sexualstraftäter sind Außenseiter, auch im Gefängnis, dort erst recht. Sie werden mit Schimpfworten wie „Kinderficker" beworfen, manchmal auch mit Steinen. Einige behaupten deshalb lieber, sie säßen wegen eines Raubüberfalls. Um einer Stigmatisierung vorzubeugen, mischte die Anstaltsleitung die Gefangenen. Die Hälfte der Häftlinge in Haus F hat andere schwere Delikte begangen.

Zwei Psychotherapeuten stehen Schüßler zur Seite, außerdem „persönlich besonders geeignete und qualifizierte Mitarbeiter" aus dem Vollzugsdienst. Die Therapie dauert bis zu vier, mindestens aber ein Jahr. Die ersten drei Monate nutzen die Psychologen dazu, um in Einzelgesprächen herauszufinden, ob der Häftling wirklich bereit ist, sich zu verändern. Dazu gehört nur eine „minimale Veränderungsbereitschaft". Erst dann beginnt die eigentliche Therapie.

Ein- bis zweimal pro Woche treffen sich die Gefangenen ein Stockwerk tiefer im Parterre zur Gruppentherapie. Dort steht ein gutes Dutzend Stühle im Halbkreis um ein Flipchart. Eine Zickzacklinie führt zu einer angedeuteten Wolke, „Straftat" steht darin.

Jede Tat wird genau analysiert. In welcher Verfassung war der Täter in den Wochen davor? Welche Gedanken hat er sich vor der Tat gemacht? Welche bewussten und unbewussten Prozesse spielten eine Rolle? Die Zickzacklinie, erklärt Thomas Schüßler, stehe für viele scheinbar belanglose Entscheidungen im Vorfeld – die aber letztlich zur Tat führten. „Jeder Tat geht eine Verhaltenskette voraus." Die kann auch unterbrochen werden. Kam ich wirklich nur ganz zufällig an diesem Spielplatz vorbei? Die Zickzacklinien markieren Zufälle – und zugleich Ausstiegsmöglichkeiten. „Ich hatte reichlich getrunken und gekifft." – „Ich hatte an diesem Tag Streit mit meiner Freundin."

Hier geht es nicht nur um die Ursachen für die Tat, sondern – für die meisten zum ersten Mal auch um die Folgen für das Opfer. Dies, sagt Schüßler, sei für die meisten der unangenehmste Teil der Therapie.

Ilyas, 21, sitzt im Büro des Psychologen und erzählt. Er trägt Zopf und Jogginganzug, ein kräftiger Typ. Er hat einen Jungen vergewaltigt und wurde deshalb zu dreieinhalb Jahren Gefängnis verurteilt.

Ilyas war vorsichtig, er wollte in der Gruppensitzung nicht gleich alle Details auf den Tisch packen. Er musste erst absolut sicher sein, dass keiner etwas davon ausplaudert. „In den anderen Häusern gibt es viele, die sagen, ich hau dir auf die Fresse – nicht bei uns in Haus F."

Die Adelsheimer Therapie, die auf einem Programm des Diplompsychologen Bernd Wischka[149] basiert, ist Pflicht für Ilyas. Manche Häftlinge haben sie vom Richter als Auflage bekommen, anderen wurde sie von der Aufnahmekommission des Gefängnisses vorgeschrieben. Allerdings werde keiner „zwangstherapiert", sagt Schüßler.

Das ist auch nicht nötig. Für die meisten zählt das Argument, dass sie sich in Haus F sicherer fühlen vor Übergriffen. Außerdem gibt es dort ein paar Privilegien, die Gefangene in den Nachbarhäusern nicht haben: Zum Beispiel einen eigenen Zellenschlüssel, mit dem sich die Zelle von außen – nicht von innen – öffnen lässt. So kann der Häftling in seiner Freizeit selbst entscheiden, ob er in die Zelle will oder auf den Sportplatz.

Elf Sitzungen lang ging es im Stuhlkreis um Empathie, ein Wort, das bis dahin den wenigsten bekannt war. In der ersten Stunde bekam Ilyas Hausaufgaben. Er sollte einen fiktiven Brief an sein Opfer schreiben. Und ein Arbeitsblatt lesen, das die „Gefühle sexuell ausgebeuteter Jungen" beschreibt: „Jungen fällt es sehr schwer, darüber zu sprechen", heißt es darin. „Sie schweigen, weil gleichgeschlechtlicher Missbrauch für die Jungen als ein ‚Beweis' ihrer Homosexualität gilt. Sie versuchen, dies unter allen Umständen vor ihrer Umgebung zu verbergen... Sie schweigen aus dem Gefühl heraus, völlig allein zu sein."[150]

In den folgenden Stunden hörte Ilyas die Erfahrungen anderer. Irgendwann war er selbst dran. Er sollte sich in die Mitte des Stuhlkreises setzen und Fragen der anderen beantworten. Aus der Sicht des Opfers. Zum Beispiel: Was hat der Täter mit dir gemacht?

Ilyas versucht zu beschreiben, wie dieser Rollenwechsel war. Scheußlich, findet er. „Ich hatte schweißnasse Hände und Herzklopfen. Ich hab mich geschämt und auf den Boden geguckt. Du denkst, die anderen gucken auf dich herab..."

„Du bist bei dir, nicht beim Opfer", stellt Schüßler klar. Immer wieder, auch jetzt in der Schilderung, holt er Ilyas zurück. Es geht um die Gefühle des Opfers, nicht um die seinigen. „In dem Moment, wo ich von der Tat erzähle, bin ich wieder der Täter", entschuldigt sich Ilyas, „dann fühle ich mich einfach mies." Das ist unangenehm, aber immer noch einfacher, als in die Haut des Jungen zu schlüpfen, den er gedemütigt hat, und Fragen zu beantworten wie: Fühlst du dich jetzt schuldig?

In Polanskis Film „Der Tod und das Mädchen", dessen Drehbuch vom chilenischen Autor Ariel Dorfman stammt, geht es um eine Frau, die durch Zufall Jahre später dem Mann wieder begegnet, den sie für ihren Folterer hält. Sie konnte ihn während der Folter nie sehen, weil ihre Augen verbunden waren. Aber sie ist sich sicher, ihn an seiner Stimme zu erkennen – und an seiner Vorliebe für klassische Musik, für Schuberts Streichquartett „Der Tod und das Mädchen", das er während der Folterungen stets hörte. Sie bedroht den Mann mit einer Waffe, fesselt ihn an einen Stuhl, sie will, dass er gesteht – oder er soll sterben. Sie fordert von ihrem Ehemann, der hinzukommt, dass er dem Mann antut, was sie erlitten hat. Demütigung, Angst und Qual. „Vergewaltige ihn!", befiehlt sie. Sie will, dass er leidet. Sie will Rache – und doch nur, dass der Folterer fühlt und begreift, was er ihr angetan hat.

Der Staat in Person von Thomas Schüßler tritt nicht als Rächer auf. Seine Fragen haben professionelle Distanz, er will niemanden vorführen oder einschüchtern. Dennoch führt er die Insassen von Haus F irgendwann an ihre Schmerzgrenze.

Der Wechsel der Perspektive fällt Ilyas schwer. Ob er, das Opfer, noch immer unter der Tat von Ilyas, dem Täter, leidet? „Ich bin seit 25 Monaten im Knast, wie soll ich wissen, ob er noch leidet?", fragt Ilyas hilflos. Ilyas schwitzende Verlegenheit wird spürbar, selbst jetzt noch, Tage nachdem ihn die anderen in die Mangel genommen haben. Das Opfer klagt gegen ihn in einem Zivilverfahren auf Schmerzensgeld. Ob das die Sache wiedergutmacht? „Das kann kein Geld der Welt", sagt Ilyas. Was es denn wiedergutmache? „Was soll ich sagen? Keine Ahnung. Ich war nie in der Situation."

Ilyas ist Kurde. Sein Vater schlug ihn mit der Faust, mit dem Gürtel, mit dem Schuh. Ilyas findet es in Ordnung, was der Vater gemacht hat, er hege heute keinen Groll mehr gegen ihn. „Das ist schließlich mein Vater, der mich mein ganzes Leben finanziert hat, der steht bei uns auf einer ganz anderen Ebene, der ist mit niemandem zu vergleichen."

Die Mutter habe damals geschrien, er solle aufhören, der Junge war ja noch klein. Aber genutzt hat es nichts. „Eine halbe Stunde später hat der Vater schon wieder gelacht, er hat mich geküsst und auf den Schoß genommen und alles war wieder okay." Die Schläge hätten wehgetan. Aber er habe nie geweint. Ob er sich schwach gefühlt habe? Ilyas zuckt mit den Schultern. „Ich weiß nicht, ich habe später all meine Probleme so gelöst, wie es mein Vater auch gemacht hat." Wenn ihm einer „dumm kam" hat er ihm „eine in die Fresse geklatscht". Nie habe er von anderen Schläge gekriegt, „nur vom Vater". Eines Tages hatte ihm auch der Vater nichts mehr zu sagen. „Der war mir irgendwann scheißegal, ich wollte so leben, wie es mir gefiel. Ich wollte meinen Spaß."

Opfer zu sein ist übel, das weiß Ilyas aus eigener Erfahrung. Opfer sind schwach, ausgeliefert, sie haben keine Kontrolle. Haben sie, die Jungs von Haus F, nicht jahrelang versucht, nach dem Vorbild harter Kerle „die Frau in sich zu töten?"

Die Erinnerung an die eigene Opferrolle mag sie berühren. Aber können sie auch nur annähernd nachvollziehen, was die Frau empfindet, die sie missbraucht haben? Ilyas sagt: „Man kann das nicht hundertprozentig sagen. Aber du kommst näher und näher."

Darüber zu reden ist ein großes Ding für Ilyas. Erst recht für den 20-jährigen Steffen, einen bulligen jungen Mann mit schweren Händen, die er nervös aneinander reibt. Steffen hat eine Joggerin misshandelt und vergewaltigt. In der Runde hat er „gleich alles zugegeben", sagt er, in der leisen Hoffnung, dass die Sache schnell erledigt sein würde. Steffen hatte zunächst keinen Gedanken auf die Frau verschwendet, die Mutter von zwei Töchtern ist. Nach der Tat habe er gehofft, „dass man mich nicht erwischt". Als er in Haft saß, habe er sich gefragt, „weshalb hockst du jetzt eigentlich?" Steffen hat die Sonderschule besucht. Er kann sich nur ungelenk ausdrücken. Hier soll er nachvollziehen und beschreiben, wie diese Frau die Tat erlebt hat. „Schon nicht so schön", murmelt er.

Es gibt Häftlinge, sagt Schüßler, die steigen in dieser Phase aus. „Einer hat gesagt, das mach ich nicht mit! Lieber die Strafe absitzen und fertig."

Steffen blieb. Er bekam Texte als Hausaufgabe zu lesen, beispielsweise die Schilderung eines Mädchens, das vom Vater missbraucht wird: „Für den Tag, an dem der Vater richtig mit Evelyn schlafen wollte, hatte er einen Montag ausgewählt, an dem die Mutter wegen eines lange geplanten Zahnarztbesuchs ganz sicher für einige Stunden außer Haus war und anschließend wohl kaum ansprechbar sein würde. Evelyn litt zu diesem Zeitpunkt bereits an Migräne... Um Evelyn das große Ereignis eindrucksvoll und schön zu gestalten, hatte der Vater Massageöl gekauft und die im Keller des eigenen Wohnhauses installierte Sauna eingeheizt. Er hatte sogar einen sündhaft teuren Heublumenaufguss gekauft." Dann berichtet Evelyn selbst:

„...legte er mich auf die Bank und fing an, mich mit Öl einzuschmieren. Dabei ließ er sich reichlich Zeit und machte das auch nicht mit Gewalt oder so. Der konnte mich streicheln, dass ich ganz hin und weg war... und natürlich behauptete er dann immer, dass ich es gewollt hätte... Dabei wollte ich das gar nicht. Ich wollte es wirklich nicht. Ich biss mir manchmal fast die Zunge ab, um keinen Mucks von mir zu geben, und ich dachte nichts anderes als bloß immer: Ich will nicht, ich will nicht! Aber das ging trotzdem in mir los und machte meinen Kopf und alles, was ich wollte, weg. Ich hatte das einfach nicht im Griff. Für meinen Vater war das aber der Beweis... habe nur gedacht, dass ich ein total verkommenes Stück Dreck bin, weil ich mit meinem Vater so eine Lust habe und ihn dadurch dazu bringe, das immer wieder mit mir zu machen. An dem Tag in der Sauna bin ich zum ersten Mal richtig aus mir ausgestiegen und habe ihn halt machen lassen und mir vorgestellt, ich wäre auf einer Wiese und über mir wäre der Himmel und ganz viele kleine weiße Wolken und Vögel und Schmetterlinge. Die waren mir damals das Liebste. So zart und fein und leicht und gar nicht anzufassen. So wäre ich auch gerne gewesen. Dann wäre ich auf meinen wunderschönen Flügeln einfach weggeschwebt. Von dem Tag an war ich irgendwie zwei."[151]

Steffen war außer sich, als er den Text gelesen hatte. „Ich habe die ersten Sätze gelesen, da musste ich mich erst wieder beruhigen. Warum machen das Väter?"

Auch Sexualstraftäter verfügen über Empathie, zu diesem überraschenden Ergebnis kamen Claudia Eckardt und Daniela Hosser.[152] Die Psychologinnen interviewten anhand eines standardisierten Fragenbogens 38 junge Straftäter zwischen 18 und 24 Jahren, davon 21 Sexualstraftäter, und verglichen die Ergebnisse mit den Aussagen von 25 Auszubildenden einer Krankenkasse, also einer Gruppe, von der man durchschnittliche Empathie erwarten kann. Das Ergebnis: Auch die Straftäter zeigten durchaus generelles Mitgefühl, ihnen fehlte aber die „Opferempathie".

Der junge Mann, der ein 16-jähriges Mädchen vergewaltigt hat, kümmert sich tags danach vielleicht rührend um seine todkranke Großmutter. Schon in früheren Studien war vermutet worden, dass Missbraucher gelernt haben könnten, ihre Empathie zu unterdrücken, um in der Lage zu sein, ihre Tat überhaupt ausführen zu können, ohne, dass sie ihr Gewissen quält. Mit anderen Worten: Sie reden sich das eigene Verhalten schön. „Die Kleine hat es doch auch gewollt." Oder: „Die hat mich hinterher noch ganz frech angelächelt."

Auf solche Verdrängungsmechanismen stoßen Thomas Schüßler und seine Kollegen immer wieder. Häufig sähen sich die Täter selbst als Opfer, das Opfer als heimlichen Mittäter. „Kognitive Verzerrung" nennt das der Psychologe: Ich sehe nur, was ich sehen will, den Rest blende ich aus. In Einzelgesprächen konfrontiert er hartnäckige Verleugner mit offensichtlichen Widersprüchen, fragt: „Ist es falsch, was da im Urteil steht?" Wenn einer seine Tat bestreitet, bekommt er Zeit zum Nachdenken. Meist gibt er einen Teil zu, „dann kann man mit diesem Teil beginnen." Als besonders wirksam in der Therapie erweisen sich andere Täter, die mehr Einsicht in die eigene Straftat zeigen und die Funktion von „Tutoren" übernehmen: „Viele nehmen von einem anderen, der Ähnliches verbrochen hat, eher etwas an", sagt Schüßler. Kein Psychologe kann Ausflüchte und Selbstmitleid so schonungslos entlarven wie eine Runde einschlägig bestrafter Mithäftlinge.

Auch Steffen versuchte zunächst, seine Tat kleinzureden. Es habe sich doch bloß um einen Klaps auf den Hintern gehandelt, weil die frech zu ihm war, er habe sie bestrafen wollen und angetrunken sei er doch auch gewesen. Selbst Schuld, hieß seine Theorie. Sein Wall aus Schutzbehauptungen funktionierte so gut wie die Mauer draußen.

Steffen ist nicht der Klügste. Dennoch hat ihm der Rollenwechsel klargemacht: Seine Tat ist nicht vorbei, sie wirkt noch, jeden Tag. Sein Opfer wohnt im Nachbardorf, er hat erfahren, dass es der jungen Frau nicht gut geht, dass sie sich seit seinem Überfall nicht mehr aus dem Haus traut, dass die Töchter Angst vor seiner Rückkehr hätten. Er habe der Frau zwei Briefe geschrieben, aber sie blieben unbeantwortet. „Wenn ich zurückkehre, gehe ich ihr aus dem Weg", sagt er. „Sie braucht keine Angst vor mir zu haben."

Das wichtigste Ziel des Empathietrainings ist, die inneren Barrieren zu erhöhen, ein inneres Alarmsystem zu schaffen, das im Notfall anspringt. „Die Hemmungen wachsen, so etwas wieder zu machen", sagt Schüßler. Mitgefühl ist vorweggenommene Selbstbestrafung. Doch funktioniert, was in der Theorie, im Gruppenraum von Haus F geübt wird, später auch in Freiheit, wenn es mit dem Job nicht klappt, es Ärger mit der Freundin gibt, irgendjemand einen dummen Kommentar abgibt?

Bei dem 24-jährigen Metin gibt es da ernsthafte Zweifel. Er hat eine Frau und ein Mädchen sexuell missbraucht, sein Strafmaß beträgt vier Jahre und fünf Monate. Metin sitzt auf dem Sofa des Psychologen und hält über sich Gericht. Egoistisch und eingebildet schimpft er sich. „Für fünf Minuten Spaß" habe er anderen das Leben zerstört. „Wie ein Roboter" sei er gewesen. „Als ich das Urteil gelesen habe, habe ich mich vor mir selbst geekelt. Wie konntest du nur so was machen, hast du kein Mitleid gehabt?", frage er sich ständig. Er erzählt sichtlich aufgewühlt von einer Tante, die nach einer Vergewaltigung einen Selbstmordversuch unternommen habe. „Und ich frage mich, wie konnte ich das einer Frau antun?"

Metin ist streng mit sich, doch die Fachleute kann er damit nicht überzeugen. Sie halten ihn für narzisstisch, zu sehr mit sich selbst beschäftigt. Erschwerend kommt hinzu: Dies war nicht seine erste Sexualstraftat. Und er war schon öfter anschließend zerknirscht. Bevor er Freigang bekommt, müssen fünf Instanzen zustimmen. Die sagten bisher: Nein. Strafrabatt gegen Lippenbekenntnisse gibt es nicht.

„Ich muss sehen, wo meine Fehler waren, sonst bringt es mir nichts, wenn ich wieder draußen bin und habe sie nicht erkannt", sagt Ilyas. „Diejenigen, die behaupten, ich hab keine Schuld, werden wieder rückfällig."

Therapien senken die Rückfallgefahr von Sexualstraftätern für einschlägige Delikte um bis zu 30 Prozent, besagen internationale Studien.[153] Das ist nicht gerade viel. Aber ohne Therapie stehen die Chancen erst richtig schlecht. Jede Chance müsse genutzt werden, findet Anstaltsleiter Walter, gerade bei Heranwachsenden. „Wo eine Entwicklung stattfindet, kann man sie auch beeinflussen."

Steffen sitzt die volle Strafe ab, freiwillig. Sonst hätte er die Therapie abbrechen müssen, sagt er, „aber die Gruppe ist mir wichtig, die hat mich viel ruhiger gemacht." Was er gelernt hat in der Therapie? „Mehr reden!"

Er bekommt jetzt erstmals Ausgang, mit einem Beamten an seiner Seite. Er wisse, welche Situationen kritisch für ihn sein könnten, wann er die „Notbremse" ziehen müsse. Er will den Alkohol meiden und die falschen Freunde, er will sich von keinem provozieren lassen und für den Fall der Fälle ein paar Telefonnummern bei sich tragen, von Leuten, die ihn abholen können. Steffen hat viele gute Vorsätze. Und dabei einige Selbstzweifel. „Hier drin weiß ich, wie ich reagiere", sagt er. Draußen stehe ihm kein Therapeut zur Seite, draußen gebe es keine Beruhigungszelle, wenn er mal „oben rausfahre". Er habe viel gelernt und sich verändert, sagt er. Er kann sich inzwischen besser einschätzen als früher. „Aber ich kann nicht versprechen, dass es so wird, wie ich es mir vorstelle."

Nachwort
„Ein weißer Fleck"

Die Initialzündung für dieses Buch lieferte ein Interview mit einer bemerkenswerten Frau: Angelika Purreiter, Witwe des Lehrers und Grünen-Kommunalpolitikers Heribert Purreiter, der im Oktober 2004 vor seinem Haus in Waldbronn niedergeschossen wurde. Sein Mörder war erst 16 Jahre alt, er kannte von seinem Opfer kaum mehr als Namen und Adresse. Ein krankhaft eifersüchtiger Mann hatte den Jugendlichen und dessen Vater beauftragt, dem Lehrer – ohne dass seine Eifersucht einen Anlass gehabt hätte – einen „Denkzettel" zu verpassen, für einen Lohn von 600 Euro. Ein Schuss in die Knie war angeblich geplant. Doch der Junge schoss so lange auf den wehrlosen Mann, bis die Waffe „klemmte". Heribert Purreiter verblutete.

Angelika Purreiter hatte allen Grund, den Menschen zu hassen, der ihren Mann regelrecht exekutiert hatte. Aber die Mutter von drei Kindern, Lehrerin und Jugendschöffin wollte verstehen, was einen Jungen, der so alt war wie ihr jüngstes Kind, zu solch einer Tat bewogen hatte. Sie wollte wissen, ob er „noch ein Quentchen Menschlichkeit" besaß, oder einen weißen Fleck an der Stelle hatte, wo man das Mitgefühl vermutet.

Zum Gespräch mit dem Mörder ihres Mannes ist es nie gekommen. „Mir fehlte in dieser schwierigen Zeit einfach die Kraft dazu", sagt Angelika Purreiter.

Ihre Frage aber beschäftigte mich weiter und tauchte immer wieder auf, wenn Jugendliche mit exzessiver Gewalt

Schlagzeilen machten, beispielsweise die U-Bahn-Schläger von München, die „Betonmörder" von Rommelshausen,[154] die Schlägerclique von Marburg. Warum hatten sie das getan? Wo war ihr Mitgefühl?

Über den 18-jährigen Deniz, der den Gymnasiasten Yvan erschlagen und danach seinen Körper zerstückelt hatte, sagte der Gutachter und Kinderpsychiater Reinmar du Bois, dieser Fall bleibe „voller Unbegreiflichkeiten". Über den 20-jährigen Patrick, der zusammen mit einem Kumpel und zwei Mädchen einen Menschen fast zu Tode getreten hatte, lasse sich „fast nichts anderes sagen, als dass er böse ist",[155] schloss Richter Thomas Wolf in seiner mündlichen Urteilsbegründung.

Solche Sätze aus dem Mund erfahrener Richter und Gutachter wirken ratlos, fast resigniert. Sind diese jungen Menschen eben einfach böse, sind sie krank, seltene Einzelfälle, die uns nur deshalb so beunruhigen, weil man hinter gleichgültigen oder grinsenden Mienen oft noch das Kindergesicht erkennen kann?

Einst waren es vor allem die Theologen und Philosophen, die das „Böse" im Menschen definierten. Heute versucht die Hirnforschung diesen Bereich auszuleuchten, indem sie die Gehirne von Kindern im Kernspintomographen untersucht. Ärzte sprechen nicht mehr von bösem, sondern von dissozialem Verhalten. Dissoziale Kinder und Jugendliche verarbeiten Reize anders, manche von ihnen reagieren auf Filmszenen, die gewöhnlich Mitleid auslösen, mit Wohlbehagen oder Freude. Sie funktionieren „anders". Sie zeigen keine Reue, sie können sich nicht entschuldigen, sie schämen sich nicht. Das Fremde in solchen Kindern mag messbarer geworden sein, aber es wird nicht begreifbarer.

Bei Erwachsenen wie dem österreichischen Rentner Josef Fritzl, der seine Tochter 24 Jahre lang einkerkerte und mit ihr seine eigenen Enkel zeugte, streiten sich die Gelehrten, ob Fehlfunktionen im Gehirn einen größeren Einfluss auf ihr Tun haben als bisher angenommen, ob das Böse also vor allem biologisch bestimmt ist.[156] Damit wären solche menschenfeindlichen Taten letztlich die Folge neurologischer Entgleisungen, wäre die Tat ein zerebraler GAU, die Täter zugleich Opfer und Kranke, die keine Verantwortung für ihr Tun trifft. Eine verwegen klingende Deutung, doch nicht von der Hand zu weisen. Wenn Bilder von Menschen, denen absichtlich Schmerz zugefügt wird, im Gehirn eines Jugendlichen positive Gefühle auslösen, kann er dann zugleich Mitgefühl empfinden?

Noch lassen die Abläufe im Gehirn viele Deutungen zu. Die Hirnforschung liefert uns keine Antwort auf die Frage nach dem „weißen Fleck" oder dem „Sitz des Bösen".

Die Wahrheit ist leider komplizierter. Dissoziales Verhalten hat viele Ursachen. Kinder bringen durch ihre Gene oft schon eine Prägung mit, die durch die Familie und später durch Gleichaltrige verstärkt wird. Hirnscans belegen, dass dies ein schleichender Prozess ist, der sich immer deutlicher in den Köpfen zeigt – mit erschreckendem Ergebnis. Schon im Alter zwischen acht und 14 Jahren weisen die Gehirne von dissozialen Kindern Ähnlichkeit mit denen erwachsener Straftäter auf. Der Aachener Kinderpsychiater Timo Vloet vergleicht die Spuren, die negative Erfahrungen in den Gehirnen von Kindern hinterlassen, mit einem Trampelpfad im Schnee: „Durch jede neue Erfahrung wird die Spur tiefer."

Das heißt: Je länger die Umgebung Vernachlässigung

und Misshandlung bei Kleinkindern übersieht und je länger betroffene Kinder ohne Hilfe bleiben, desto tiefer schleifen sich Verhaltensmuster im Gehirn ein und desto schwieriger wird es, sie zu korrigieren. „Bei einigen Jugendlichen ist das schon kaum mehr möglich", sagt Vloet.

Axel Boetticher, pensionierter Richter am Bundesgerichtshof, schauderte es zu Recht angesichts der Vorstellung, dass wir künftig „aus präventiven Gründen die Gehirne von Kindern und Jugendlichen scannen", um sie aus der Gesellschaft auszugliedern.[157] Das kann sich niemand wünschen.

Die ersten Jahre lassen sich besser nutzen. Im Laufe der Recherchen wurde mir immer klarer, welche Bedeutung die Prävention hat. Dissoziales Verhalten ist kein unabwendbares Schicksal, es lässt sich etwas dagegen tun – je früher, desto erfolgreicher. Darin immerhin sind sich die Disziplinen einig, die sich der Erforschung der Empathie verschrieben haben. In den ersten Jahren werden die Grundlagen gelegt, hier lässt sich Empathiefähigkeit am stärksten beeinflussen, über einen Umweg – die Eltern, die in der Zeit nach der Geburt am empfänglichsten sind für die Signale ihres Kindes.

Wenn die Gesellschaft Leid und in der Folge kostspielige und gleichzeitig wenig aussichtsreiche Therapien vermeiden will, dann muss sie sich intensiver um diese wichtige Phase, aber auch das weitere soziale Lernen von Kindern bemühen und ihm einen ähnlichen Stellenwert geben wie dem kognitiven Lernen, denn beides gehört zusammen, damit Kinder teamfähige und tolerante Erwachsene werden.

Dazu braucht es auch einen neuen Blick auf das Lernen

im Kindergarten und in der Schule. Es braucht Geld und qualifizierte Kräfte, vor allem aber Zeit, auch in dicht gepressten Wochenplänen. Mindestens eine Schulstunde pro Woche sollte dem Training sozialer Fähigkeiten, der Stärkung der Persönlichkeit und der Konfliktbewältigung dienen. Das hat nichts mit „Kuschelpädagogik" zu tun, sondern mit dem Einüben menschlicher Kernkompetenzen. „Schule kann in diesem Bereich ganz viel erreichen", sagt der Tübinger Pädagoge Ulrich Scheufele (vgl. S. 176ff).

Empathie ist nicht etwas, das man hat oder nicht hat, wir lernen sie wie das Laufen und Sprechen, wir vermitteln sie nahezu unbewusst an die nächste Generation, wir stehen unseren Kindern Modell. Nicht was wir sagen steht dabei an erster Stelle, sondern was wir tun.

Wenn Kinder keinen Halt mehr in ihrer Familie finden, wenn immer mehr Kinder „arm" aufwachsen, arm auch an Anregung und echten Erlebnissen, wenn sie zu entgleiten drohen, dann braucht es sogar mehr als die professionellen Kräfte, die sie an einigen Stunden pro Woche unterstützen.

Wichtig sind darum nicht nur Hebammen, Erzieher, Lehrer, Therapeuten oder Sozialpädagogen, sondern auch soziale Netzwerke. Gute Nachbarn. Wahlverwandtschaften. Schon eine einzige innige Beziehung zu einem wichtigen Erwachsenen kann Kinder, die unter schwierigen Bedingungen aufwachsen, vor Verhaltensproblemen schützen – das kann der Großvater sein, die geliebte Patentante oder eine nette Nachbarin, die stets ein offenes Haus hat für die Freunde ihrer Kinder.

Empathie als Gemeinschaftsaufgabe zu verstehen könnte heißen: nicht nur das eigene Kind liebevoll im Blick zu haben, sondern auch das des Nachbarn, nicht nur auf das fehlende Mitgefühl von Jugendlichen zu schauen, sondern auf unser eigenes.

„Die Geschichte unseres Menschseins über die vergangenen sechstausend Jahre hinweg ist die Geschichte der Unterdrückung des Mitgefühls", schreibt Arno Gruen, die jahrtausendealte Geschichte der Ohnmacht von Kindern und der Allmacht von Erwachsenen, die weder Auge noch Ohr für die Bedürfnisse ihrer noch wortlosen Kinder hätten, für deren Eigenleben und Lebendigkeit; die ihre Sprache nicht verstünden und sich in ihrer „selbstgefälligen Machtposition, so gut, so fortschrittlich, so allwissend" auch gar nicht die Mühe machten, sie zu verstehen. Die Kinder, so das Fazit des Psychoanalytikers, erben die Gefühlsarmut ihrer Eltern und tragen sie in die nächste Generation. Was bleibt, wenn die Empathie in Kindern verloren geht, sei ihre Pervertierung: das Selbstmitleid.

Zivilisation ist eine dünne Haut. Darunter lauern archaische Gefühle, Gier, Wut, Angst, Hass, Egoismus. „Auschwitz ist ein mahnendes Beispiel dafür, wozu Menschsein ohne Mitgefühl entarten kann", schreibt Gruen.[158]

Doch wie schnell auch normale, anständige Menschen ihre Zivilisiertheit und ihre guten Umgangsformen abstreifen, belegen psychologische Versuche wie das „Stanford-Prison-Experiment" (s. S. 120ff). Es braucht dazu keinen Knast und keinen Krieg. Jeder weiß aus seinem Alltag, wie schnell die dünne Oberfläche zerreißt und uns der andere herzlich gleichgültig wird: Es reicht ein „Schleicher" auf der Landstraße, ein Streit mit einem Kollegen, eine Warteschlange vor der Supermarktkasse.

Empathie beginnt mit einer Spiegelung: der Suche des Kindes nach Kontakt und Bestätigung im Auge der Mutter. Die Spiegelung wäre fortzusetzen, bei den Erwachsenen, die Kindern als Modell dienen. Vielleicht finden wir dann den weißen Fleck.

Dank

Herzlichen Dank
allen, die bei diesem Buch mit vielen guten Hinweisen mitwirkten. Besonders Sara Mously, Journalistin und Diplompsychologin, Hamburg, für die umfangreiche Recherche und Auswertung wissenschaftlicher Quellen, Prof. Klaus Schmeck, Leiter der Kinder- und Jugendpsychiatrischen Klinik, UPK Basel, für die wissenschaftliche Beratung, Jan Rübel und Erdmann Wingert (Agentur Zeitenspiegel, Weinstadt) fürs kritische Gegenlesen, den portraitierten Familien für die offenen Gespräche und Hannah und Uli für ihre Geduld.

Anmerkungen

[1] Gruen, 2003
[2] Schwind et al., 2001
[3] Liedke & Robert, 2004
[4] Lutz, 2007
[5] Koch, 2008
[6] Bauer, 2008b
[7] Ravens-Sieberer et al., 2007
[8] Weber, 2003
[9] Trenz, 2006
[10] ebd.
[11] Grimm & Rhein, 2007
[12] Kernberg, 2004
[13] Gruen, 2005
[14] Edelstein, 2005
[15] Bauer, 2008b
[16] Gruen, 2003
[17] ebd.
[18] Eisenberg et al., 2006
[19] ebd.
[20] Harris, 2007
[21] Eisenberg et al., 2006
[22] Bischof-Köhler, 2006
[23] Blair, 2007a; Eisenberg et al., 2006
[24] Vignemont & Singer, 2006
[25] Eisenberg, 2007
[26] Gallese, 2007; Vignemont, 2007
[27] Schwind, 1998
[28] Bischof-Köhler, 2006
[29] Bauer, 2008a; Bauer, 2008b; Gallese, 2007; Rizzolatti & Sinigaglia, 2008
[30] Vignemont, 2007
[31] Singer, 2007; Singer et al., 2004; Vignemont & Singer, 2006
[32] oe24.at, 2008
[33] Deutsche Gesellschaft für Kinder- und Jugendpsychiatrie und Psychothera-pie et al., 2007
[34] Vloet et al., 2006a; Vloet et al., 2006b
[35] Decety et al., im Druck; Noll, 2008
[36] Blair, 2007b
[37] Babiak & Hare, 2007
[38] Brinkbäumer, 2008

[39] Eisenberg et al., 2006
[40] Scourfield et al., 2004
[41] Hur & Rushton, 2007
[42] ebd.
[43] Bischof-Köhler, 2006
[44] Gloger-Tippelt, 2007
[45] Bowlby, 1944
[46] Ziegenhain et al., 2007
[47] Bischof-Köhler, 2006; Eisenberg et al., 2006
[48] Singer, 2006
[49] Eisenberg et al., 2006
[50] Bauer, 2008b
[51] Eisenberg et al., 2006; Gallese, 2007; Hoffman, 2000; Keller, 2008
[52] Bischof-Köhler, 2006
[53] ebd.
[54] ebd.
[55] Ulich et al., 2001
[56] Bischof-Köhler, 2006
[57] Bischof-Köhler, 2006; Eisenberg et al., 2006
[58] Eisenberg et al., 2006
[59] Bischof-Köhler, 2006; Ulich et al., 2001
[60] Hoffman, 2000
[61] Eisenberg et al., 2006
[62] Klinikum der Universität München, o.J.
[63] Eisenberg et al., 2006
[64] Singer, 2006
[65] Hoffman, 2000
[66] Eisenberg et al., 2006
[67] Hoffman, 2000
[68] Eisenberg et al., 2006; Singer, 2007
[69] Nasterlack, 1997
[70] Eisenberg, 2007
[71] Zhou et al., 2002
[72] Eisenberg, 2007; Eisenberg et al, 2006
[73] Zhou et al., 2002
[74] Bartholow et al., 2005; Björkqvist, 2007; Blair, 2007a
[75] Bowi et al., 2008
[76] Eisenberg, 2007
[77] Schlack et al., 2007
[78] Mannuzza et al., 2004
[79] Kühle et al., 2001
[80] Lüpke, 2006
[81] Laucht & Schmidt, 2004

[82] Eisenberg et al., 2006; Ulich et al., 2001
[83] Spinrad & Stifter, 2006
[84] Eisenberg et al., 2006
[85] Eisenberg et al., 2006; Nasterlack, 1997
[86] Ravens-Sieberer et al., 2007
[87] Vloet et al., 2006a; Vloet et al., 2006b
[88] Bischof-Köhler, 2006
[89] Diego & Jones, 2007
[90] Jacobs, 2008
[91] Bauer, 2008b
[92] Vignemont, 2007
[93] Eisenberg et al., 2006
[94] Eisenberg et al., 2006; Vignemont, 2007
[95] Eisenberg et al., 2006
[96] ebd.
[97] Koch, 2008
[98] Zimbardo, 2008
[99] Lache, 2008
[100] Faz.net, 2008
[101] Harris, 2000
[102] Rigos, 1998
[103] Barry & Wentzel, 2006; Eisenberg et al., 2006
[104] Eisenberg et al., 2006
[105] ebd.
[106] Eisenberg et al., 2006; Möller, 2006
[107] Medienpädagogischer Forschungsverbund Südwest, 2007
[108] Stuttgarter Zeitung, 2008b
[109] Rückert, 2007
[110] Steckel & Trudewind, 2002
[111] Brunn et al., 2007; Bundesverband Interaktive Unterhaltungssoftware, o.J.
[112] Brunn et al., 2007; Medienpädagogischer Forschungsverbund Südwest, 2006b
[113] Brunn et al., 2007
[114] ebd.
[115] ebd.
[116] ebd.
[117] Klimmt, 2007
[118] Bartholow et al., 2005; Brunn et al., 2007; Möller, 2006; Steckel & Trudewind, 2002
[119] Bartholow et al., 2005
[120] Steckel & Trudewind, 2002
[121] Klimmt, 2007; Möller, 2006
[122] Bartholow et al., 2005; Funk et al., 2003; Möller, 2006

211

[123] Steckel & Trudewind, 2002
[124] Bartholow et al., 2005
[125] Steckel & Trudewind, 2002
[126] Bauer, 2008b
[127] ebd.
[128] Medienpädagogischer Forschungsverbund Südwest, 2006a; Medienpädagogischer Forschungsverbund Südwest, 2007
[129] Papoušek, 2001
[130] Murphy Paul, 2008
[131] Gruen, 2003
[132] Ihle et al., 2004
[133] Vloet et al., 2006b
[134] Vloet et al., 2006a
[135] Ziegenhain, 2007
[136] Ravens-Sieberer et al., 2007
[137] Vloet et al., 2006b
[138] Vloet et al., 2006a
[139] Vloet et al., 2006a; Vloet et al., 2006b
[140] Eisenberg et al., 2006; Hoffman, 2000
[141] Metz & Youniss, 2005
[142] Bandura, 1997; Burger, 1999; Eisenberg et al., 2006
[143] Vloet et al., 2006a
[144] Cierpka, 2007
[145] Bowi, Ott & Tress, 2008
[146] Stuttgarter Zeitung, 2008a
[147] Elendt et. al, 2006
[148] Walter, o.J.
[149] Wischka et al., 2004
[150] ebd.
[151] ebd.
[152] Eckhardt & Hosser, 2005
[153] Hollweg et al., 2004
[154] Wolfangel, 2008
[155] Coordes, 2008
[156] Darnstädt & Lakotta, 2008
[157] ebd.
[158] Gruen, 2005

Literatur

Babiak, Paul & Hare, Robert D. (2007): Menschenschinder oder Manager. Psychopathen bei der Arbeit. München: Hanser.

Bandura, Albert (1997): Self-efficacy: The Exercise of control. New York: W. H. Freeman.

Barry, Carolyn McNamara & Wentzel, Kathryn R. (2006): Friend influence on prosocial behavior: The role of motivational factors and friendship characteristics. Developmental Psychology, 42, 1. 153-163.

Bartholow, Bruce D., Sestir, Marc A. & Davis, Edward B. (2005): Correlates and consequences of exposure to video game violence: Hostile personality, empathy, and aggressive behavior. Personality and Social Psychology Bulletin, 31 (11), 1573-1586.

Bauer, Joachim (2008a): Das System der Spiegelneurone. Neurobiologisches Korrelat für intuitives Verstehen und Empathie. In: K. H. Brisch & T. Hellbrügge, (Hg.): Der Säugling – Bindung, Neurobiologie und Gene. Grundlagen für Prävention, Beratung und Therapie (S. 117-123). Stuttgart: Klett-Cotta.

Bauer, Joachim (2008b): Warum ich fühle, was du fühlst. Intuitive Kommunikation und das Geheimnis der Spiegelneurone (10. Auflage). München: Heyne.

Bischof-Köhler, Doris (2006): Empathie – Mitgefühl – Grausamkeit. Und wie sie zusammenhängen. Berliner Debatte Initial 17, 1/2, 14-20.

Björkqvist, Kaj (2007): Empathy, social intelligence and aggression in adolescent boys and girls. In: T. F. D. Farrow & P. W. R. Woodruff (Hg.): Empathy in Mental Illness (S. 76-88). Cambridge: Cambridge University Press.

Blair, James (2007a): Dissociable systems for Empathy. In: Novartis Foundation (Hg.): Empathy and Fairness. Chichester, UK: Wiley.

Blair, James (2007b): Empathic dysfunction in psychopathic individuals. In: T. F. D. Farrow & P. W. R. Woodruff (Hg.): Empathy in Mental Illness (S. 3-16). Cambridge: Cambridge University Press.

Bowi, Ulrike, Ott, Gudrun & Tress, Wolfgang (2008): Faustlos – Gewaltprävention in der Grundschule. Praxis der Kinderpsychologie und Kinderpsychiatrie, 57, 509 – 520.

Bowlby, John (1944): Forty-four juvenile thieves: Their character and homelife. International Journal of Psychoanalysis, 25, 19-52.

Brinkbäumer, Klaus (2008): Tod in Kamera 2. Der Spiegel, 31, S. 60-63.

Brunn, Inka, Dreier, Hardy, Dreyer, Stephan, Hasebrink, Uwe, Held, Thorsten, Lampert, Claudia & Schulz, Wolfgang (2007): Das deutsche Jugendschutzsystem im Bereich der Video- und Computerspiele. Hamburg: Hans-Bredow-Institut.

Bundesverband Interaktive Unterhaltungssoftware (ohne Jahr): Internetpräsenz. Verfügbar unter: http://www.biu-online.de/fakten/ [Januar 2009].

Burger, Jerry M. (1999): The foot-in-the-door compliance procedure: A multiple-process analysis and review. Personality and Social Psychology Review, 3, 4, 303-325.

Cierpka, Manfred (2007): Faustlos. Wie Kinder Konflikte gewaltfrei lösen lernen (5. Auflage). Freiburg: Herder.

Coordes, Gesa (2008, 6. November): Schuhabdruck im Gesicht. Verfügbar unter: www.marbuch-verlag.de/archiv/2008/thema45.htm [Januar 2009].

Darnstädt, Thomas & Lakotta, Beate (2008): Von Menschen und Monstern. Der Spiegel, 19.

Decety, Jean, Michalska, Kalina J., Akitsukia, Yuko & Lahey, Benjamin B. (im Druck): Atypical empathic responses in adolescents with aggressive conduct disorder: A functional MRI investigation. Biological Psychology.

Deutsche Gesellschaft für Kinder- und Jugendpsychiatrie und Psychotherapie, Bundesarbeitsgemeinschaft leitender Klinikärzte für Kinder-& Jugendpsychiatrie und Psychotherapie & Berufsverband der Ärzte für Kinder- und Jugendpsychiatrie und Psychotherapie (Hg.) (2007): Leitlinien zur Diagnostik und Therapie von psychischen Störungen im Säuglings-, Kindes- und Jugendalter (3. überarbeitete und erweiterte Auflage). Köln: Deutscher Ärzte-Verlag.

Deutsches Institut für medizinische Dokumentation und Information (Hg.) (2005, 1. Oktober): Internationale statistische Klassifikation der Krankheiten und verwandter Gesundheitsprobleme. 10. Revision, Version 2006. Verfügbar unter: http://www.dimdi.de/dynamic/de/klassi/diagnosen/icd10/htmlamtl2006/fr-icd.htm [Dezember 2008].

Diego, Miguel A. & Jones, Nancy Aaron (2007): Neonatal antecedents for empathy. In: T. F. D. Farrow & P. W. R. Woodruff (Hg.): Empathy in Mental Illness (S. 145-167). Cambridge: Cambridge University Press.

Eckardt, Claudia & Hosser, Daniela (2005): Empathie und Sexualdelinquenz. In: D. Schläfke, F. Häßler & J. M. Fegert (Hg.): Sexualstraftaten. Forensische Begutachtung, Diagnostik und Therapie. Stuttgart: Schattauer.

Edelstein, Wolfgang (2005): Eröffnungsrede der Fachtagung Soziale Kompetenz – Für erfolgreiches Lernen und demokratisches Handeln der Friedrich-Ebert-Stiftung und der Bund-Länder-Kommission für Bildungsplanung und Forschungsförderung (BLK) am 22.11. in Berlin.

Eisenberg, Nancy (2007): Empathy-based responding and prosocial behaviour. In: Novartis Foundation (Hg.): Empathy and Fairness. Chichester, UK: Wiley.

Eisenberg, Nancy, Fabes, Richard & Spinrad, Tracy (2006): Prosocial Development. In: N. Eisenberg, W. Damon & R. Lerner (Hg.): Handbook of Child Psychology, Vol. 3 (S. 646-718). New York: Wiley.

Elendt, Gerd, Gerstenberg, Frank & Parth, Christian (2006, 28. November): Leben und Sterben des Hermann H. Verfügbar unter: http://www.stern.de/politik/deutschland/:Haftanstalt-Siegburg-Leben-Sterben-Hermann-H./578980.html [Januar 2009].

Faz.net (2008, 20. Oktober): Junger Mann fast zu Tode gequält. Verfügbar unter: http://www.faz.net/s/Rub8D05117E1AC946F5BB438374CCC294CC/ Doc ~ EEE34B59968F7497F852D711B8A6E24F9 ~ ATpl ~ Ecommon ~ Scontent.html [Januar 2009].

Funk, Jeanne B., Buchman, Debra D., Jenks, Jennifer & Bechtoldt, Heidi (2003): Playing violent video games, desensitization, and moral evaluation in children. Applied Developmental Psychology, 24, 413-436.

Gallese, Vittorio (2007): Embodied simulation: from mirror neuron systems to interpersonal relations. In: Novartis Foundation (Hg.): Empathy and Fairness. Chichester, UK: Wiley.

Gloger-Tippelt, Gabriele (2007): Bindung und Sozialverhalten in der mittleren Kindheit. In: C. Hopf & G. Nunner-Winkler (Hg.): Frühe Bindung und moralische Entwicklung. Weinheim: Juventa.

Grimm, Petra & Rhein, Stefanie (2007, 6. April): Handreichung zur Problematik von gewalthaltigen und pornografischen Videoclips auf Mobiltelefonen von Jugendlichen. Verfügbar unter: http://www.ma-hsh.de/cms/ front_content.php?idcat = 16&idart = 15 [Januar 2009].

Gruen, Arno (2003): Wie man ein Kind lieben soll. Publik-Forum, 6. Verfügbar unter: http://www.lebenshaus-alb.de/magazin/001827.html [Januar 2009].

Gruen, Arno (2005): Der Verlust des Mitgefühls. Über die Politik der Gleichgültigkeit (6. Auflage). München: dtv.

Harris, James (2007): The evolutionary neurobiology, emergence and facilitation of empathy. In: T. F. D. Farrow & P. W. R. Woodruff (Hg.): Empathy in Mental Illness (S. 3-16). Cambridge: Cambridge University Press.

Harris, Judith Rich (2000): Ist Erziehung sinnlos? Reinbek: Rowohlt.

Hoffman, Martin L. (2000): Empathy and moral development. Implications for caring and justice. New York: Cambridge University Press.

Hollweg, Matthias, Postpischil, Stefan, Liwon, Nicole (2004): Behandlung junger Sexualstraftäter in der sozialtherapeutischen Abteilung der Justizvollzugsanstalt München. IKK-Nachrichten 1-2, 7-10.

Hur, Yoon-Mi & Rushton, J. Philippe (2007): Genetic and environmental contributions to prosocial behaviour in 2- to 9-year-old South Korean twins. Biological Letters, 3, 664–666.

Ihle, Wolfgang, Esser, Günter, Laucht, Manfred & Schmidt, Martin H. (2004): Depressive Störungen und aggressiv-dissoziale Störungen im Kindes- und Jugendalter. Prävalenz, Verlauf und Risikofaktoren. Bundesgesundheitsblatt, 47, 728-735.

Jacobs, Inge (2008, 17. September): Immer mehr Kinder werden vernachlässigt. Verfügbar unter: https://www.stuttgarter-zeitung.de/stz/page/detail.php/1820533 [Januar 2009].

Keller, Monika (2008): Vom Engel zum Bengel. Gehirn & Geist, 1-2, 52-58.

Kernberg, Paulina (2004): Mündliche Aussage auf dem Symposium „Personality Disorders in Childhood and Adolescence" vom 30.1. bis 31.1. an der

Universität Ulm, im persönlichen Gespräch zitiert durch Symposiumsleiter Klaus Schmeck.

Klimmt, Christoph (2007, April): Jugendmedienschutz im Bereich der Video- und Computerspiele. Expertise im Auftrag des Hans-Bredow-Instituts für das Projekt „Das deutsche Jugendschutzsystem im Bereich der Video- und Computerspiele". Verfügbar unter: http://www.hans-bredow-institut.de/webfm_send/113 [Januar 2009].

Klinikum der Universität München (ohne Jahr): B.A.S.E.®-Babywatching. Baby-Beobachtung im Kindergarten und in der Schule gegen Aggression und Angst zur Förderung von Feinfühligkeit und Empathie. Verfügbar unter: http://www.base-babywatching.de [Januar 2009].

Koch, Claus (2008): Kinder aus dem Niemandsland – Jugendgewalt und Empathieverlust. In: Brumlik, M. (Hg.): Ab nach Sibirien? Wie gefährlich ist unsere Jugend? (S. 105-131). Weinheim: Beltz.

Krause, Klaus-Henning, Dresel, Stefan & Krause, Johanna (2000): Neurobiologie der Aufmerksamkeitsdefizit-/Hyperaktivitätsstörung. Psycho, 26, 199-208.

Kühle, Hans-Jürgen, Hoch, Christiane, Rautzenberg, Petra & Jansen, Fritz (2001): Kurze videogestützte Verhaltensbeobachtung von Blickkontakt, Gesichtsausdruck und Motorik zur Diagnostik des Aufmerksamkeitsdefizits/Hyperaktivitätssyndroms (ADHS). Praxis der Kinderpsychologie und Kinderpsychiatrie, 50, 607-621.

Lache, Anette (2008): Getötet im Liebeswahn. Stern, 6.

Laucht, Manfred & Schmidt, Martin H. (2004): Mütterliches Rauchen in der Schwangerschaft: Risikofaktoren für eine ADHS des Kindes? Monatsschrift Kinderheilkunde, 12 (152), 1286–1294.

Liedke, Ulf & Robert, Günther (Hg.) (2004): Neue Lust am Strafen? Umbrüche gesellschaftlicher und pädagogischer Konzepte im Umgang mit abweichendem Verhalten. Praxis, Forschung und Entwicklung in der sozialen Arbeit. Aachen: Shaker.

Lüpke, Hans von (2006, 23. September): ADHS – was Kinder umtreibt. Verfügbar unter: http://www.uni-koblenz.de/~didaktik/voss/ADHSKinderumtreibt.pdf [Januar 2009].

Lutz, Martin (2007, 15. Dezember): Jugendgewalt in Großstädten nimmt zu. Welt online. Verfügbar unter: http://www.welt.de/politik/article1464386/Jugendgewalt_in_Grossstaedten_nimmt_zu.html [Januar 2009].

Mannuzza, Salvatore, Klein, Rachel G., Abikoff, Howard & Moulton III, John L. (2004): Significance of childhood conduct problems to later development of conduct disorder among children with ADHD. A prospective follow-up study. Journal of abnormal Child Psychology, 32 (5), 565-573.

Medienpädagogischer Forschungsverbund Südwest (Hg.) (2006a): JIM-Studie 2006. Jugend, Information, (Multi-) Media. Basisuntersuchung zum Medienumgang 12- bis 19-Jähriger. Verfügbar unter: http://www.mpfs.de/index.php?id=86 [Januar 2009].

Medienpädagogischer Forschungsverbund Südwest (Hg.) (2006b): KIM-Studie 2006. Kinder + Medien, Computer + Internet. Basisuntersuchung zum Medienumgang 6- bis 13-Jähriger in Deutschland. Verfügbar unter: http://www.mpfs.de/index.php?id = 95 [Januar 2009]

Medienpädagogischer Forschungsverbund Südwest (Hg.) (2007): JIM-Studie 2007. Jugend, Information, (Multi-) Media. Basisuntersuchung zum Medienumgang 12- bis 19-Jähriger. Verfügbar unter: http://www.mpfs.de/index.php?id = 110 [Januar 2009].

Metz, Edward C. & Youniss, James (2005): Longitudinal gains in civic development through school-based required service. Political Psychology, 26, 3, 413-437.

Möller, Ingrid (2006): Mediengewalt und Aggression. Eine längsschnittliche Betrachtung des Zusammenhangs am Beispiel des Konsums gewalthaltiger Bildschirmspiele. Digitale Dissertation, Universität Potsdam. Verfügbar unter: http://opus.kobv.de/ubp/volltexte/2006/773/ [Januar 2009].

Murphy Paul, Annie (2008, 10. Februar): The first ache. Verfügbar unter: http://www.nytimes.com/2008/02/10/magazine/10Fetal-t.html?_r = 1&ref = magazine&pagewanted = all [Januar 2009].

Nasterlack, Barbara (1997, Oktober): Altruismus und Entwicklung. Verfügbar unter: www.nasterlack.de/dokumente/Altruismus.pdf [Januar 2009].

Noll, Miriam (2008, 16. November): Aggressive kennen kein Mitleid. Verfügbar unter: http://www.focus.de/wissen/wissenschaft/mensch/tid-12539/hirnforschung-aggressive-kennen-kein-mitleid_aid_346123.html [Januar 2009]

oe24.at (2008, 22. Oktober): „Ich bin zur Vergewaltigung geboren". Verfügbar unter:
http://www.oe24.at/oesterreich/chronik/niederoesterreich/Ich_bin_zu r_Vergewaltigung_geboren_382274.ece [Januar 2009].

Papoušek, Mechthild (2001): Intuitive elterliche Kompetenz – Ressourcen in der präventiven Eltern-Säuglings-Beratung und -psychotherapie. Frühe Kindheit, 1. Verfügbar unter: http://www.liga-kind.de/fruehe/101_pap.php [Januar, 2009].

Ravens-Sieberer, Ulrike, Wille, Nora, Bettge, Susanne & Erhart, Michael (2007): Gesundheit von Kindern und Jugendlichen in Deutschland. Ergebnisse aus der BELLA-Studie im Kinder- und Jugendgesundheitssurvey (KiGGS). Bundesgesundheitsblatt Gesundheitsforschung – Gesundheitsschutz, 50, 871-878.

Rigos, Alexandra (1998): Eltern sind austauschbar. Der Spiegel, 47.

Rizzolatti, Giacomo & Sinigaglia, Corrado (2008): Empathie und Spiegelneurone. Die biologische Basis des Mitgefühls. Frankfurt: Suhrkamp.

Rückert, Sabine (2007, 21. Juni): Wie das Böse nach Tessin kam. Die Zeit, 26. Verfügbar unter: http://www.zeit.de/2007/26/Tessin [Januar 2009].

Schlack, Robert, Hölling, Heike, Kurth, Bärbel-Maria & Huss, Michael (2007): Die Prävalenz der Aufmerksamkeitsdefizit-/Hyperaktivitätsstörung (ADHS) bei Kindern und Jugendlichen in Deutschland. Erste Ergebnisse aus dem Kinder- und Jugendgesundheitssurvey (KiGGS). Bundesgesundheitsblatt – Gesundheitsforschung – Gesundheitsschutz 5/6, 827-835.

Schwind, Hans-Dieter (1998): Alle gaffen – keiner hilft. Unterlassene Hilfeleistung bei Unfällen und Straftaten. Heidelberg: Hüthig.

Schwind, Hans-Dieter, Fetchenhauer, Detlef, Ahlborn, Wilfried & Weiß, Rüdiger (2001): Kriminalitätsphänomene im Langzeitvergleich am Beispiel einer deutschen Großstadt. Bochum 1975 – 1986 – 1998. Neuwied & Kriftel: Luchterhand.

Scourfield, Jane, Bethan, John, Neilson, Martin, McGuffin, Peter (2004): The development of prosocial behaviour in children and adolescents: A twin study. Journal of Child Psychology and Psychiatry, 45(5), 927-935.

Singer, Tania (2006): The neuronal basis and ontogeny of empathy and mind reading: Review of literature and implications for future research. Neuroscience & Biobehavioral Reviews, 30(6), 855-863.

Singer, Tania (2007): The neuronal basis of empathy and fairness. In: Novartis Foundation (Hg.): Empathy and Fairness. Chichester, UK: Wiley.

Singer, Tania, Seymour, Ben, O'Doherty, John, Kaube, Holger, Dolan, Raymond J. & Frith, Chris D. (2004): Empathy for pain involves the affective but not sensory components of pain. Science, 303, 1157-1162.

Spinrad, Tracy L. & Stifter, Cynthia A. (2006): Toddlers' empathy-related responding to distress: Predictions from negative emotionality and maternal behavior in infancy. Infancy, 10(2), 97-121.

Steckel, Rita & Trudewind, Clemens (2002): „Es ist doch nur ein Spiel..." Rubin Geisteswissenschaften, 2, 52-61.

Stuttgarter Zeitung (2008a): Zur Diskussion um härtere Maßnahmen gegen jugendliche Straftäter. Bericht vom 4.1. Verfügbar unter: http://www.justiz.baden-wuerttemberg.de/servlet/PB/menu/1216067/index.html?ROOT = 1157364 [Januar 2009].

Stuttgarter Zeitung (2008b): Jugendliche schießen makabre Fotos. Meldung vom 29.10., S. 7. Verfügbar unter: http://www.stuttgarter-zeitung.de/stz/page/1859080_0_2147_mann-von-zug-ueberrollt-jugendliche-schiessen-makabre-fotos.html [Januar 2009].

Trenz, Carmen (2006, 15. August): Mobbing unter Kindern und Jugendlichen. In: DPT – Deutscher Präventionstag gemeinnützige Gesellschaft mbH (Hg.): Onlinedokumentation des Deutschen Präventionstages. Verfügbar unter: http://www.praeventionstag.de/Dokumentation.cms/146 [Januar 2009].

Ulich, Dieter, Kienbaum, Jutta & Volland, Cordelia (2001): Wie entwickelt sich Mitgefühl? Ergebnisse der Forschungsgruppe „Mitgefühl". In: Forschungsstelle für Pädagogische Psychologie und Entwicklungspsychologie am Lehrstuhl für Psychologie Augsburg (Hg.): Augsburger Berichte zur Entwicklungspsychologie und Pädagogischen Psychologie, 87.

Vignemont, Frédérique de (2007): When do we empathize? In: Novartis Foundation (Hg.): Empathy and Fairness. Chichester, UK: Wiley.

Vignemont, Frédérique de & Singer, Tania (2006): The empathic brain: How, when and why? Trends in Cognitive Sciences, 10, 10, 435-441.

Vloet, Timo D., Herpertz, Sabine & Herpertz-Dahlmann, Beate (2006a): Ätiologie und Verlauf kindlichen dissozialen Verhaltens. Risikofaktoren für die Entwicklung einer antisozialen Persönlichkeitsstörung. Zeitschrift für Kinder- und Jugendpsychiatrie und Psychotherapie, 34 (2), 101-115.

Vloet, Timo, Herpertz-Dahlmann, Beate & Herpertz, Sabine (2006b): Prädiktoren dissozialen Verhaltens. Periphere psychophysiologische Befunde bei Kindern und Erwachsenen mit Störungen des Sozialverhaltens. Der Nervenarzt, 77, 782-790.

Walter, Joachim (ohne Jahr): Moralische Entwicklungschancen im Jugendstrafvollzug. Das Modell in der JVA Adelsheim. Verfügbar unter: http://www.quovadisiii.uni-bremen.de/pdf/WS2/WS2JoachimWalterOF.pdf [Januar 2009].

Weber, Doris (2003): Die Intelligenz des Herzens. Eine Kritik des modernen Intellektualismus. Radiobeitrag auf SWR 2 am 5. Oktober um 12.05 Uhr. Sendemanuskript verfügbar unter: http://db.swr.de/upload/manuskriptdienst/glaubensfragen/gl1020032188.rtf [Januar 2009].

Wischka, Bernd, Foppe, Elisabeth, Griepenburg, Peter, Nuhn-Naber, Carmen & Rehder, Ulrich (2004): Behandlungsprogramm für Sexualstraftäter (BPS). Lingen: Kriminalpädagogischer Verlag.

Wolfangel, Eva (2008, 5. März): Mord aus krankhafter Eifersucht. Verfügbar unter: http://www.stern.de/panorama/:Betonmord-Prozess-Mord-Eifersucht/613174.html [Januar 2009].

Zhou, Qing, Eisenberg, Nancy, Losoya, Sandra H., Fabes, Richard A., Reiser, Mark, Guthrie, Ivanna K., Murphy, Bridget C., Cumberland, Amanda J. & Shepard, Stephanie A. (2002): The relations of parental warmth and positive expressiveness to children's empathy-related responding and social functioning. Child Development, 73, 3, 893-915.

Ziegenhain, Ute (2007): Stärkung elterlicher Beziehungs- und Erziehungskompetenzen – Chance für präventive Hilfen im Kinderschutz. In: U. Ziegenhain & J. M. Fegert (Hg.): Kindeswohlgefährdung und Vernachlässigung. München: Ernst Reinhardt.

Ziegenhain, Ute, Schnoor, Kathleen, Schüßler, Thomas & Fegert, Jörg M. (2007): Moralferne Kinder und Jugendliche – Fallanalyse eines jugendlichen Straftäters. In: C. Hopf & G. Nunner-Winkler (Hg.): Frühe Bindungen und moralische Entwicklung. Weinheim: Juventa.

Zimbardo, Philip G. (2008, 19. Oktober): Stanford-Gefängnis-Experiment. Eine Simulationsstudie über die Psychologie der Haft. Durchgeführt an der Stanford Universität. Verfügbar unter: www.prisonexp.org/german/indexg.htm [Januar 2009].